prima plus

Deutsch für Jugendliche

A2

Testheft

Tetyana Chobotar
Franziska Muckenthaler
Tabea Verma

Cornelsen

prima plus

A2 | Deutsch für Jugendliche | Testheft

Im Auftrag des Verlages erarbeitet von
Tetyana Chobotar, Franziska Muckenthaler, Tabea Verma

Modelltest Goethe-Zertifikat A2 Fit in Deutsch: Dieter Maenner

Redaktion: Kathrin Sokolowski
Redaktionsassistenz: Vanessa Wirth
Konzept: Institut für Testforschung und Testentwicklung e. V., Leipzig
Illustrationen: Laurent Lalo
Layoutkonzept: Rosendahl Berlin, Agentur für Markendesign
Technische Umsetzung: zweiband.media, Berlin
Umschlaggestaltung: Rosendahl Berlin, Agentur für Markendesign
Tonstudio: Studio Kirchberg
Regie und Technik: Peter Herrmann
Sprecherinnen und Sprecher: Stefan Skrzek, Jessica Hormann,
Isabell Rosin, Emma Vordemfelde, Johannes Seeliger,
Jacqueline Herrmann, Justine Seewald, Max Richter

Informationen zum Lehrwerksverbund von prima plus
finden Sie unter: ***www.cornelsen.de/prima-plus***

www.cornelsen.de

1. Auflage, 1. Druck 2016
Alle Drucke dieser Auflage sind inhaltlich unverändert
und können im Unterricht nebeneinander verwendet werden.

Druck: H. Heenemann, Berlin

ISBN: 978-3-06-021525-6

PEFC zertifiziert
Dieses Produkt stammt aus nachhaltig bewirtschafteten Wäldern und kontrollierten Quellen.
www.pefc.de
PEFC/04-31-1156

Das Testheft prima plus A2

Das Testheft prima plus A2 enthält 14 Tests, die die Bände A2.1 und A2.2 des Lehrwerks prima plus begleiten und deren Themen und Lernzielen folgen. Ein abschließender Modelltest bereitet auf die Prüfung Fit in Deutsch A2 vor.
Mit dem Testheft prima plus A2 können Sie den Lernfortschritt Ihrer Schülerinnen und Schüler beobachten, objektiv messen und beurteilen. Zugleich helfen Ihnen die Tests, den Unterricht zu optimieren und so Ihre Schülerinnen und Schülern zu unterstützen, die Lernziele zu erreichen.

Tests zum Lernen

Die 14 lehrwerksbezogenen Tests sind Tests zum Lernen. Sie unterscheiden sich in ihren Zielen von Tests zur Zertifizierung. Während Tests zur Zertifizierung in der Regel durchgeführt werden, um den Kenntnisstand der Schülerinnen und Schüler zu überprüfen und zu benoten, dienen die Tests zum Lernen im Testheft prima plus neben der Benotung auch der Verbesserung der Lehr-/Lernprozesse im Unterricht. Damit bieten sie zugleich die Möglichkeit, die Motivation der Schülerinnen und Schüler zum Erlernen der Sprache zu erhöhen.

Die Ergebnisse der Tests zum Lernen helfen,

1. wichtige Fragen über Ihren Unterricht zu beantworten:
   - War mein Unterricht effektiv?
   - Haben meine Schülerinnen und Schüler gelernt, was ich unterrichtet habe?
   - Kann ich mit der neuen Einheit beginnen?
   - Muss bestimmten Aufgaben und Aktivitäten mehr Zeit eingeräumt werden?
   - Was muss ich mit meinen Lernenden noch üben?
   - Welches Feedback brauchen meine Lernenden?

2. herauszufinden, wo die Stärken und Schwächen Ihrer Schülerinnen und Schüler liegen. So können Sie den Unterricht optimal an das Bedürfnis der Schülerinnen und Schüler anpassen, die Sprache schnell und effektiv zu lernen.

3. den Schülerinnen und Schülern ein effektives und motivierendes Feedback zu geben, das ihnen die Möglichkeit eröffnet, ihre Leistungen zu verbessern.

Positive Beeinflussung des Unterrichts

Um die Tests erfolgreich zu lösen, benötigen Ihre Schülerinnen und Schüler Kompetenzen, die für einen authentischen Sprachgebrauch relevant sind. Die Vorbereitung auf die Tests und das Lösen der Testaufgaben selbst bewirken sprachliches Lernen. Die für den Test benötigte Unterrichtszeit wird somit sinnvoll genutzt.

In den Tests werden nur die Kompetenzen und Wissensbereiche überprüft, die dem sprachlichen Niveau Ihrer Schülerinnen und Schüler entsprechen und im Unterricht mit dem Lehrwerk prima plus A2 vermittelt werden. Die Testformate sind den Schülerinnen und Schülern vertraut, da sie mit den Aufgabenformaten des Lehrwerks übereinstimmen. Sie lernen die Tests daher als gerechte und sinnvolle Leistungsbeurteilung kennen.

Validität und Zuverlässigkeit

Das Konzept für das Testheft prima plus A2 wurde vom Institut für Testforschung und Testentwicklung (ITT) e. V. Leipzig, die Testaufgaben von erfahrenen Testentwicklerinnen und Lehrkräften für Deutsch als Fremdsprache entwickelt.

Die Tests berücksichtigen alle vier Fertigkeiten Hören, Lesen, Sprechen und Schreiben. Grammatik und Wortschatz werden stets im Kontext geprüft. Die Testaufgaben sind kontextuell so eingebettet, dass sie authentischem Sprachgebrauch und bekannten Situationen aus dem Unterricht mit dem Lehrwerk prima plus entsprechen. Die Testergebnisse sind daher auf lebensweltliche Kompetenzen und Situationen übertragbar.

Für die Lösung der Tests sind nur die Kompetenzen notwendig, die auch getestet werden sollen. So werden z. B. in einem Wortschatztest ausschließlich Wortschatzkenntnisse überprüft und keine Grammatikkenntnisse mitgetestet.

Hinweise zur Durchführung der Tests und zum Feedback

Für jede Testaufgabe finden Sie ausführliche Informationen zu den Testzielen, die den Lernzielen der jeweiligen Einheiten entsprechen, sowie zum Aufgabenformat und zur Bewertung.

Informieren Sie Ihre Schülerinnen und Schüler darüber, warum Sie die Tests durchführen, was die Testaufgaben überprüfen und wie Sie diese bewerten. Das sorgt für Transparenz. Beziehen Sie die Schülerinnen und Schüler in den Bewertungsprozess ein, um ihre Lernbewusstheit zu fördern. Erklären Sie ihnen, welche Vorteile die Tests für sie und für den Unterricht haben können.

Das im Testheft prima plus A2 vorgeschlagene Bewertungsverfahren hilft Ihnen, die Tests objektiv durchzuführen.

Da die Tests kompetenzorientiert und eng mit den Lernzielen des Lehrwerks verknüpft sind, erhalten Sie mit den Testergebnissen eine gute Rückmeldung, ob Sie mit einer neuen Lektion beginnen können oder ob ein Thema wiederholt werden sollte.

Testergebnisse können auch signalisieren, dass einzelne Schülerinnen und Schüler ein individuelles Feedback brauchen. Vielleicht benötigen sie individuelle Tipps zu effektiven Lernstrategien oder aber zusätzliche Aufgaben zu einem bestimmten Thema. Anhand der Testergebnisse können Sie individuelle Lernbedürfnisse der Schülerinnen und Schüler erkennen und besprechen.

Gehen Sie mit Ihren Schülerinnen und Schülern in einen Feedback-Dialog, in dem diese über ihren eigenen Lernprozess reflektieren können. Eine über die Note hinausgehende Rückmeldung sollte die Lernziele, die Lernerfolge sowie Vorschläge zu Lernstrategien einschließen.

Reflexion über den eigenen Unterricht

Dokumentieren Sie regelmäßig die Ergebnisse der Tests. So können Sie die Leistungsentwicklung Ihrer Schülerinnen und Schüler im Blick behalten, den Lernfortschritt beobachten sowie erkennen, wer eines Feedbacks bedarf oder bei welchen Themen besonders viele Schülerinnen und Schüler Schwierigkeiten haben.

Die Testformate

Das Testheft prima^plus A2 enthält drei Arten von Tests zum Lernen. Die folgende Tabelle gibt Ihnen einen Überblick:

	8 Lernabschnittstests	4 Lernfortschrittstests		2 Lernabschlusstests
Einheiten	1, 2, 4, 6, 8, 9, 11, 13	1–3 und 8–10	4–5 und 11–12	1–7 und 8–14
Testteile	– Lesen oder Hören – Wortschatz – Grammatik	– Hören – Wortschatz – Lesen – Schreiben – Sprechen	– Hören – Wortschatz – Lesen – Schreiben	– Hören – Lesen – Schreiben – Sprechen
Punkte	30	45	35	35
Dauer	ca. 30 Minuten	ca. 40 + 5–10 Minuten pro Schülerin/Schüler (Testteil Sprechen)	ca. 40 Minuten	ca. 40 + 5–10 Minuten pro Schülerin/Schüler (Testteil Sprechen)

Lernabschnittstests

Die insgesamt acht Lernabschnittstests sind kurze, inhaltsorientierte, rein schriftliche Leistungsbeurteilungen. Mit den Lernabschnittstests überprüfen Sie, ob Ihre Schülerinnen und Schüler die Lernziele einer Einheit erreicht haben. Die Lernabschnittstests bestehen aus drei Testteilen: Wortschatz, Grammatik und Hören oder Lesen. Sie benötigen ca. 30 Minuten Zeit.

In Lernabschnittstests werden die zentralen Sprachhandlungen der jeweiligen Einheit getestet. Die Testaufgaben orientieren sich an den Aufgabentypen aus dem Arbeitsbuch.

Der Testteil Wortschatz überprüft Wörter aus der Rubrik Deine Wörter im Arbeitsbuch.

Der Testteil Grammatik testet die Strukturen aus der Übersicht Grammatik – kurz und bündig im Schülerbuch.

Sowohl Wortschatz als auch Grammatik werden kontext- oder kommunikationsorientiert getestet. Die Tests überprüfen sowohl rezeptive als auch produktive Wortschatz- und Grammatikkenntnisse.

Die Fertigkeiten Hören und Lesen werden abwechselnd getestet. Die Aufgabentypen sind angelehnt an die Hör- und Leseaufgaben aus Schüler- und Arbeitsbuch. Entsprechend der jeweiligen Einheit wird globales, selektives bzw. detailliertes Verständnis getestet.

Die Hörtexte sollten zweimal abgespielt werden. Den Schülerinnen und Schülern soll sowohl vor als auch nach dem Hören ausreichend Zeit gegeben werden, um die Aufgaben zu lesen und zu lösen.

Lernfortschrittstests

Die vier kompetenz- und wortschatzorientierten Lernfortschrittstests prüfen die zentralen Sprachhandlungen der letzten drei bzw. zwei Einheiten.
Die Lernfortschrittstests nach den Einheiten 3 und 10 beziehen sich auf drei vorangegangene Einheiten. Sie bestehen aus fünf Testteilen: Wortschatz, Lesen, Hören, Schreiben und Sprechen. Sie nehmen einen Zeitrahmen von ca. 40 Minuten ein. Für den Testteil Sprechen benötigen Sie weitere 5 bis 10 Minuten pro Schülerin und Schüler.

Die Lernfortschrittstests nach den Einheiten 5 und 12 beziehen sich auf zwei vorangegangene Einheiten. Sie bestehen aus den vier Testteilen: Wortschatz, Lesen, Hören und Schreiben. Die Dauer eines Lernfortschrittstests beträgt ca. 40 Minuten.

Im Testteil Wortschatz wird eine Auswahl der Wörter aus der jeweils letzten Einheit überprüft (Einheiten 3, 5, 10, 12).

Die Aufgaben der Testteile Lesen, Hören und Schreiben sind an die Aufgaben aus Schüler- und Arbeitsbuch angelehnt. Für eine zusätzliche, gezielte Vorbereitung auf die Lernfortschrittstests können Sie Ihren Schülerinnen und Schülern die Kleinen Pausen im Arbeitsbuch empfehlen.

Der Test der Fertigkeit Sprechen wird jeweils mit einer Schülerin / einem Schüler durchgeführt.
Es handelt sich um ein Interview und ein kurzes Rollenspiel.

Die Lern- und Testziele der Lernfortschrittstests sind den Kann-Beschreibungen des GeR zugeordnet (siehe Anhang, Seite 66–72). Anhand der Ergebnisse der Lernfortschrittstests können Sie beobachten, wie sich die Kompetenzen der Schülerinnen und Schüler entwickeln und diese mit ihnen besprechen.

Lernabschlusstests

Die beiden Lernabschlusstests sind kompetenzorientierte Leistungsbeurteilungen, die sich auf jeweils einen Band prima plus A2.1 und A2.2 beziehen.

Die Lernabschlusstests überprüfen Sprachwissen in allen vier Fertigkeiten. Die Durchführung der Testteile Lesen, Hören und Schreiben dauert ca. 40 Minuten. Der Testteil Sprechen benötigt weitere 5 bis 10 Minuten pro Schülerin/Schüler.

Einzelne Testaufgaben der Lernabschlusstests sind an den Aufgabentypen der Großen Pausen im Arbeitsbuch orientiert. Bei Bedarf an zusätzlicher, gezielter Vorbereitung auf die Lernabschlusstests können Sie Ihren Schülerinnen und Schülern die Großen Pausen im Arbeitsbuch empfehlen.

Die Testaufgaben berücksichtigen die Anforderungen der Prüfung Fit in Deutsch 2.

Die Lern- und Testziele der Lernabschlusstests sind ebenfalls den Kann-Beschreibungen des GeR zugeordnet (siehe Anhang, Seite 69–73).

Der Testteil Sprechen in den Lernfortschrittstests und den Lernabschlusstests

Die Lernfortschritts- und die Lernabschlusstests testen die Fertigkeit Sprechen. Dieser Testteil orientiert sich am American Council on The Teaching of Foreign Languages (ACTFL) Oral Proficiency Interview (OPI). Das OPI stellt ein zuverlässiges und valides Prüfungsinstrument zur Erfassung der Sprechfähigkeit dar. Es wurde bereits Anfang der achtziger Jahre entwickelt, hat sich in Nordamerika als Standardprüfung der Sprechkompetenz durchgesetzt und wurde in vielen Forschungsstudien untersucht. Das OPI dauert auf unteren Sprachniveaus ca. 5 bis 15 Minuten pro Schülerin oder Schüler und ermöglicht es, eine Auswahl der Sprechhandlungen effektiv zu testen. Darüber hinaus sind die ACTFL-Niveaubeschreibungen mit jenen des GeR kompatibel.

In Anlehnung an das OPI haben die Tests der Fertigkeit Sprechen im Testheft prima plus A2 folgende Struktur:

1 Aufwärmen		Dieser Teil des Tests wird nicht bewertet. Er dient dazu, die Schülerin/den Schüler zu begrüßen und ihr/ihm ein paar sehr einfache alltägliche Fragen zu stellen. Auf diese Weise beginnt der Test auf einem für die Schülerin/den Schüler einfachen Niveau, damit sie/er sich sicher fühlen kann. Die Schülerin/der Schüler wird „aufgewärmt". Das kann ihr/ihm helfen, auf Deutsch zu denken.
2 Hauptteil	**Thema 1** **Thema 2** **Thema 3** **Thema 4**	Im Hauptteil des Tests besprechen Sie mit der Schülerin/dem Schüler vier Themen, die in den vorangegangenen Einheiten behandelt wurden. Sie stellen Fragen, auf welche die Schülerin/der Schüler antwortet.
	Rollenspiel	Mit dem Dialog (Rollenspiel) beenden Sie den Hauptteil der Prüfung. In dieser Phase wird die Initiative der Schülerin/dem Schüler überlassen, indem eine alltägliche Situation simuliert wird. Die Schülerin/der Schüler muss mit ihnen zusammen eine Aufgabe lösen. Die Situationen entsprechen den Inhalten der Einheiten.
3 Abkühlen		Dieser Teil des Tests wird nicht bewertet. Er dient dazu, die Schülerin/den Schüler auf das Niveau zu bringen, auf dem sie/er sich wohl fühlt. So verlässt die Schülerin/der Schüler den Test mit einem guten Gefühl, was positive Auswirkung auf ihre/seine Motivation und auf das weitere Lernen haben kann.

Den Dialogverlauf des Testteils Sprechen strukturieren Vorlagen, die den Sprachhandlungen und Lernzielen des Lehrwerks prima plus A2 angepasst sind. Den jeweiligen Testphasen zugeordnet finden Sie eine dem Sprachniveau entsprechende Themenauswahl, gezielte Fragen und ein Rollenspiel. Manche Fragen können bei Bedarf mit einer Aufforderung zum Erzählen ergänzt werden, damit die Schülerin/der Schüler etwas mehr über alltägliche Dinge spricht als eine direkte Frage in der Regel voraussetzt. Die Vorlagen zum Testteil Sprechen stellen eine große Auswahl an Fragen und Aufgaben zur Verfügung. Wählen Sie aus dem Hauptteil für einen Test insgesamt nur ca. vier Fragen und eine Aufgabe, in der die Schülerin/der Schüler über etwas berichten soll. Die Fragen in der Rubrik „Aufwärmen" und „Abkühlen" zählen nicht dazu.

Beachten Sie die Zeitbegrenzung (5–10 Minuten pro Schülerin / Schüler).

Aufwärmen		Begrüßung; Wie geht's dir? Woher kommst du gerade?
Hauptteil	**Ferien**	Was machst du gerne in den Ferien? (Erzähle.) Gehst du gern wandern? Fährst du lieber ans Meer? Was machst du da? (Erzähle.) Wie war's in den letzten Ferien? Wohin/Mit wem bist du gefahren? Wo hast du übernachtet? Wie war das Wetter?

Vorlage für den Testteil Sprechen, Seite 19

Die „Karte für das Rollenspiel“ gibt den Impuls für den weiteren Verlauf des Dialoges:

Karte für das Rollenspiel

Ich möchte eine Fahrkarte kaufen. Du arbeitest bei der Deutschen Bahn und verkaufst mir die Fahrkarte.

Wohin? Wann? Hin und zurück?

Welcher Platz? Reservierung? Ermäßigung – BahnCard?

Vorlage für den Testteil Sprechen, Seite 51

Korrigieren Sie während des Tests keine Fehler, um die authentische kommunikative Situation aufrechtzuerhalten und die Schülerin/den Schüler nicht zu verunsichern.

Bleiben Sie freundlich und achten Sie auf eine offene Haltung gegenüber allen Schülerinnen und Schülern. Wenn die Schülerin oder der Schüler Sie nicht versteht, wiederholen Sie die Frage langsam und deutlich oder vereinfachen Sie diese.

Machen Sie während der Prüfung keine Notizen. Bewerten Sie mithilfe des Bewertungsrasters die sprachliche Leistung der Schülerin/des Schülers gleich im Anschluss an den jeweiligen Test. Wenn organisatorisch und rechtlich die Möglichkeit besteht, zeichnen Sie den Test auf und bewerten Sie ihn nachträglich genau nach dem Bewertungsraster (siehe Anhang, Seite 83).

Lernziele und Aufgabenformate der Tests

Im Anschluss an die Tests finden Sie eine detaillierte Beschreibung zu allen Tests und Testaufgaben. Eine Übersichtstabelle stellt die Testteile, die Anzahl der Aufgaben, die Test- und Lernziele und die Aufgabenformate dar.

Testteil	Testaufgabe	Was wird getestet?	Aufgabenformat
Hören	1	Selektives, detailliertes und globales Hörverständnis (Sportaktivitäten)	Multiple-Choice (3 Antwortmöglichkeiten)
Wortschatz	2	Rezeptiv (Bundesjugendspiele): *Sportplatz, Urkunde, Rekord, werfen, Turnhalle*	Lückentext
	3	Produktiv (Sportunfall): *Halle, spielen, Mannschaft, gewinnen, Luft, springen, hoch, Schmerzen, Krankenhaus, gebrochen*	Ergänzung
Grammatik	4	Rezeptiv: Komparativ und Superlativ	Umformung

Was wird getestet? | Aufgabenformate, Seite 70

Für die Lernfortschrittstests und die Lernabschlusstests enthalten die Übersichtstabellen zusätzlich den Verweis auf die Einheit, in der das jeweilige Test- und Lernziel geübt wurde, sowie die dem Lernniveau entsprechenden Kann-Beschreibungen des GeR.

Testteil	Test-aufgabe	Aufgaben-format	Was wird getestet?	Ein-heit	Kann-Beschreibung
Hören	1	Multiple-Choice (3 Antwort-möglich-keiten)	Selektives, detail-liertes und globa-les Hörverständnis (Unsere Feste)	9	Kann kurzen, langsam und deutlich ge-sprochenen Tonaufnahmen über vorher-sehbare alltägliche Dinge die wesentliche Information entnehmen. Kann im Allgemeinen das Thema von Ge-sprächen, die in seiner/ihrer Gegenwart geführt werden, erkennen, wenn langsam und deutlich gesprochen wird.
Lesen	2	Multiple-Choice (3 Antwort-möglich-keiten)	Selektives, detail-liertes und globa-les Leseverständ-nis (Fitness und Sport)	8	Kann aus einfacheren schriftlichen Mate-rialien wie Briefen, Broschüren oder Zei-tungsartikeln, in denen Ereignisse be-schrieben werden, spezifische Informationen herausfinden. Kann kurze, einfache Texte zu vertrauten konkreten Themen verstehen, in denen gängige alltags- oder berufsbezogene Sprache verwendet wird.

Was wird getestet? | Aufgabenformate, Seite 70

Lösungen und Bewertungen

Der Abschnitt „Lösungen und Bewertungen" enthält sämtliche Lösungen. In den jeweiligen Tabellen sind außerdem die Punkte für jeden Testteil angegeben und den Leistungen von „sehr gut" bis „nicht bestanden" zugeordnet. So können Sie jeden Testteil einzeln bewerten, die Testergebnisse schnell interpretieren und damit den Schülerinnen und Schülern ein effektives Feedback geben.

Testteil	Testaufgabe	Lösungen	Punkte und Bewertung
Hören	1	1. falsch – 2. richtig – 3. richtig – 4. richtig – 5. richtig – 6. falsch – 7. falsch	6–7 → sehr gut 4–5 → gut 2–3 → befriedigend 0–1 → nicht bestanden
Wortschatz	2	1. genauso – 2. alles – 3. in – 4. total – 5. interessanter – 6. unbedingt – 7. hilft – 8. erklären – 9. fleißig – 10. nehme	8–10 → sehr gut 6–7 → gut 4–5 → befriedigend 0–3 → nicht bestanden

Lösungen und Bewertungen, Seite 75

Wenn eine Schülerin oder ein Schüler kein gutes Ergebnis erzielt hat, können Sie prüfen, ob es an einem bestimmten Testteil liegt, z. B. am Wortschatztest. Anschließend können Sie einzelne Aufgaben ansehen, um herauszufinden, wo genau die Schwierigkeiten liegen. Auf diese Weise können Sie ein individuelles Feedback vorbereiten. Sie können auf die Stärken und Schwächen der Schülerin oder des Schülers eingehen und gezielte Hinweise geben, wie die entsprechenden Bereiche effektiver erlernt werden könnten.

Wenn viele Schülerinnen und Schüler keine guten Ergebnisse erzielen konnten, können Sie ähnlich vorgehen und entsprechend entscheiden, z. B. bestimmte Aspekte des Lernstoffs zu wiederholen.

In der abschließenden Zeile der Übersichtstabelle finden Sie die Bewertung für den gesamten Test. Die Gesamtanzahl der Punkte ist in vier Stufen von „sehr gut" bis „nicht bestanden" unterteilt. Die Testergebnisse sind zusätzlich in Prozent angegeben, welche Sie in Noten entsprechend Ihrem Notensystem übersetzen können.

GESAMT	1–5	36–45 →	sehr gut	(80–100 %)
		27–35 →	gut	(60–79 %)
		18–26 →	befriedigend	(40–59 %)
		0–17 →	nicht bestanden	(0–39 %)

Lösungen und Bewertungen, Seite 75

Die Testteile Lesen und Hören enthalten nur geschlossene Aufgaben. Die Testteile Wortschatz und Grammatik enthalten nur geschlossene und halboffene Aufgaben. Jede korrekte Antwort wird mit einem Punkt bewertet. Die Testteile Schreiben und Sprechen bewerten Sie nach Rastern.

Bewertungsraster Schreiben und Bewertungsraster Sprechen

Die zwei Bewertungsraster für die Testteile Schreiben und Sprechen orientieren sich an den Kann-Beschreibungen des GeR und der Prüfung Goethe-Zertifikat A2 Fit in Deutsch. Sie enthalten Kategorien wie beispielsweise Inhalt und Umfang oder Aussprache. Zu jeder dieser Kategorien gibt es detaillierte Beschreibungen der Prüfungsleistungen, die jeweils mit 1 bis 3 Punkten bewertet werden.

Kategorien	Punkte
Inhalte und Umfang	
Kann auf alle einfachen direkten Fragen angemessen reagieren und einfache situationsangemessene Fragen stellen. Kann über eine Reihe von alltäglichen Themen im Präsens sprechen. Verwendet oft sogar eigenständige satzförmige Äußerungen aus bekannten Wörtern und Ausdrücken.	3
Kann auf die meisten einfachen direkten Fragen angemessen reagieren und eine Reihe von einfachen situationsangemessenen Fragen stellen. Kann über einige alltägliche Themen im Präsens sprechen. Verwendet überwiegend nur auswendig gelernte Äußerungen und Sätze.	2
Kann auf einige direkte Fragen angemessen reagieren und einige einfache situationsangemessene Fragen stellen. Kann über wenige alltägliche Themen im Präsens sprechen. Verwendet überwiegend einzelne Wörter oder Wortgruppen, zählt auf.	1

Bewertungsraster Sprechen, Seite 83

Transkripte der Hörtexte

Im letzten Abschnitt des Testhefts finden Sie die Transkripte der Hörtexte.
Die beiliegende Audio-CD enthält alle Audiotracks zu den Testteilen Hören.

Wie war's in den Ferien?

Name Klasse Datum

Punkte | 30

1 In den Ferien: Ergänze den Text. | 12

geregnet – vermute – Abenteuer – Bahn – los – einpacken – aufgeblieben – überhaupt – Wetter – wunderbar – Gipfel – Gewitter

Neue Mail ⇨ **Senden**

von: sinasoso@hausen.de

an: mellimail@mail.de

Betreff: Meine Ferien

Hallo Melli,

wie geht es dir? Ich ______[1], du warst in den Ferien bei deiner Oma in der Schweiz. Wie war's? Meine Ferien waren ______[2]. Ich war bei meiner Tante in den Bergen. Wir waren wandern. Das war sehr schön und ein richtiges ______[3]: Wir sind auf einen ______[4] gestiegen! Das ______[5] war richtig gut. Wir hatten viel Sonne! Es hat ______[6] nicht ______[7]. Nur einmal war nachts ein ______[8]. Da hat es geblitzt und gedonnert. Abends war es etwas langweilig ohne Fernseher. Da war nichts ______[9]. Deshalb bin ich nicht lange ______[10] und früh ins Bett gegangen. Morgen fahre ich mit der ______[11] wieder nach Hause. Deshalb muss ich jetzt meine Sachen ______[12]. Wir sehen uns dann wieder in der Schule!

Bis bald,
Deine Sina

2 Unterwegs mit Familie und Freunden: Ergänze die Dativendungen. | 6

Mit mein______[1] Freunden gehe ich oft wandern. Da ist immer was los.

Einmal haben wir bei Sturm auf ein______[2] Felsen übernachtet.

Mein Bruder und ich fahren auch oft mit unser______[3] Eltern in die Berge. Letztes Jahr waren wir bei mein______[4] Tante. Sie ist Bergführerin. Dieses Jahr waren wir auf ein______[5] Campingplatz.

Was habt ihr in eur______[6] Ferien gemacht?

3 Mit der Jugendgruppe in den Ferien: Ergänze die Partizipien. | 6

Jonas hat in den Ferien mit einer Jugendgruppe die Hauptstadt ____________________ [1] (besuchen). Sie haben sehr viel ____________________ [2] (machen). Jonas hat viele Sehenswürdigkeiten ____________________ [3] (fotografieren). Später hat ihn ein Freund zu einer Party ____________________ [4] (mitnehmen). Alle haben den ganzen Abend ____________________ [5] (tanzen). Jonas ist erst um vier Uhr ins Hotel ____________________ [6] (zurückgehen).

4 Ninas Abenteuer in den Alpen: Lies das Blog und ordne die Fotos zu. | 6

Ninas Blog

1. ☐ Dieses Jahr bin ich in den Ferien mit meinen Freunden in die Berge gefahren. Das war ein Abenteuer: Wir haben im Zelt geschlafen! Der Campingplatz war in einem Tal.
2. ☐ Leider war das Wetter am Montag sehr schlecht. Es hat viel geregnet. Deshalb bin ich ins Schwimmbad gefahren. Das war auch schön.
3. ☐ Am Dienstag bin ich dann mit einer Jugendgruppe und zwei Bergführern mit der Bahn auf den Berg gefahren.
4. ☐ Unser Ziel war eine Hütte. Dort haben wir einen Tee getrunken. Auf unserem Weg gab es viele Kühe. Ich mag keine Kühe. Ich bin schnell gelaufen und habe meinen Rucksack verloren. Da war die Stimmung schlecht!
5. ☐ Danach waren wir auf dem Gipfel. Endlich wandern! Das Wetter war sehr schön. Es war nicht neblig. Die Aussicht war fantastisch.
6. ☐ Am nächsten Tag waren wir wieder auf dem Gipfel. Die Sonne hat geschienen und wir sind Ski gefahren. Das hat Spaß gemacht!

A

B

C

D

E

F

Meine Pläne

Name Klasse Datum

Punkte | 30

02 **1** Berufe: Lies die Berufe. Hör dann die Berichte und ordne die Berufe den Personen zu. Du hörst die Berichte zweimal. | 6

1. Lena ☐
2. Mona ☐
3. Tim ☐
4. Saskia ☐
5. Stefan ☐
6. Max ☐

2 Pläne und Wünsche: Was passt zusammen? Ordne zu. | 6

1. Peter gefällt das Praktikum, ☐
2. Lena mag Kinder. Sie sagt, ☐
3. Maria mag Kino. Sie sagt, ☐
4. Anja will Pilotin werden, ☐
5. Erik spielt viel Tennis. Er hofft, ☐
6. Max möchte nicht studieren, ☐

a weil er nicht gern lernt.
b dass sie eine große Familie haben will.
c weil sie andere Länder sehen möchte.
d dass sie ein Filmstar wird.
e weil er dort viel lernt und Geld verdient.
f dass er das Turnier gewinnt.

3 Das Turnier: Lies den Bericht und ergänze. | 12

Star – Plan – stattgefunden – Ausland – Verein – joggen

Heute ist ein klasse Tag! Mein Tennis-Turnier hat ________________ 1.
Mein ________________ 2 führt bei den Landesmeisterschaften.
Alle in der Stadt kennen uns: Wir sind schon sehr berühmt, weil wir so gut spielen.
Ich habe einen ________________ 3: Ich möchte gern Tennis-________________ 4 werden und ins ________________ 5 gehen.
Für das Turnier habe ich viel trainiert. Ich war jeden Tag im Park ________________ 6.

Entscheidend – nervös – aufgibst – getröstet – glücklich – verbessern

Mein Trainer sagt, dass ich Talent habe. Aber beim Turnier war ich sehr ________________ 7.
In der Pause hat mein Vater mich ________________ 8, weil ich frustriert war. Er hat mir gesagt: „________________ 9 ist, dass du nicht ________________ 10!" Danach war ich sehr konzentriert und konnte mich ________________ 11. Plötzlich habe ich gewonnen! Ich war an diesem Tag sehr ________________ 12. Vielleicht werde ich jetzt berühmt?!

4 Verabredungen: Ergänze die Modalverben *können*, *müssen* und *wollen* im Präsens oder Präteritum. | 6

- ■ Ich gehe heute ins Kino. W________________ 1 du mitkommen?
- ● Nein, ich w________________ 2 gestern gehen. Heute habe ich keine Zeit.

- ■ K________________ 3 wir heute Abend Essen gehen?
- ● Ja, gestern k________________ 4 ich nicht, weil ich krank war.

- ■ M________________ 5 du letzte Woche viel für die Schule lernen?
- ● Ja, aber diese Woche m________________ 6 ich nicht mehr lernen. Jetzt sind Ferien.

Wie war's in den Ferien? | Meine Pläne | Freundschaft

Name Klasse Datum

Punkte | 45

03 **1** In den Ferien: Hör den Dialog und kreuze an: richtig oder falsch? Du hörst den Dialog zweimal. | 7

	richtig	falsch
1. Max war in den Bergen.	☐	☐
2. Max hat seine Tante besucht.	☐	☐
3. Max war im Schwimmbad.	☐	☐
4. Bei Luise war das Wetter sehr schön.	☐	☐
5. Luise hat in einem Hotel geschlafen.	☐	☐
6. Luise möchte nächstes Jahr nach Barcelona.	☐	☐
7. Max und Luise sprechen über Hobbys.	☐	☐

2 Mein Freund und ich: Ergänze die Lücken. | 10

interessanter – in – alles – genauso – total

Ich heiße Micha und bin 13 Jahre alt. Auf dem Bild seht ihr mich und meinen Freund Luca. Luca ist auch 13. Er ist ______________ 1 alt wie ich. Wir gehen auch beide in die 7. Klasse. Luca und ich machen ______________ 2 zusammen. Luca ist gut ______________ 3 Mathe. Ich finde Mathe ______________ 4 schwer.

Ich finde Musik viel ______________ 5 als Mathe.

hilft – unbedingt – fleißig – erklären – nehme

Leider schreiben wir am Freitag wieder eine Mathearbeit. Ich will ______________ 6 eine Eins schreiben. Deshalb ______________ 7 mir Luca auch beim Lernen. Er kann gut Regeln ______________ 8. Er lernt viel zu Hause und ist sehr ______________ 9. Ich bin ganz anders. Ich ______________ 10 Schule nicht so wichtig. Zum Glück habe ich Luca!

3 Was ist dein Lieblingsberuf? Lies den Text und wähle die richtige Lösung. | 7

Nina (14): Mein Betriebspraktikum wollte ich unbedingt in einem Elektriker-Betrieb machen. Mein Vater ist Erzieher und meine Mutter arbeitet in einer Bibliothek. Aber ich arbeite sehr gern mit Technik. Ich habe mein Praktikum selbst gefunden. Ich habe eine Bewerbung geschrieben. Dann hat mich der Chef angerufen und gesagt: „Ich habe deine Bewerbung gelesen. Ich möchte dich zum Bewerbungsgespräch einladen".
Beim Bewerbungsgespräch hat der Chef viel gefragt: „Warum willst du als Elektrikerin arbeiten? Bist du pünktlich? Arbeitest du gern mit Technik?" Dann habe ich den Praktikumsplatz bekommen.
Eine Woche war die Arbeit interessant. Meine Kollegen und ich waren oft auf Baustellen. Ich konnte selbst Schalter und Kabel legen.
Dann war es langweilig. Noch drei Wochen! Ich musste im Betrieb Kabel sortieren und sauber machen. Ich habe nicht viel gelernt. Aber ich bin nicht traurig, weil ich den Beruf kennenlernen konnte. Jetzt weiß ich: Ich möchte nicht als Elektrikerin arbeiten. Ich möchte lieber Informatik studieren.

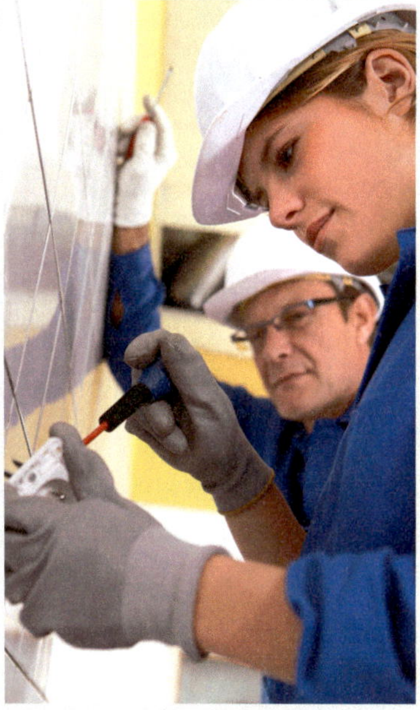

1. **Warum hat Nina das Praktikum im Elektriker-Betrieb gemacht?**
   Weil …
   - a ihr Vater als Elektriker arbeitet.
   - b sie Technik interessant findet.
   - c sie kein Praktikum in der Bibliothek gefunden hat.

2. **Was hat Nina vor dem Praktikum gemacht?**
   Sie hat …
   - a eine Bewerbung geschrieben.
   - b viele Betriebe angerufen.
   - c eine Anzeige gelesen.

3. **Was hat Nina beim Bewerbungsgespräch gemacht?**
   Sie hat …
   - a viele Fragen beantwortet.
   - b ihre Bewertung gezeigt.
   - c alle Kollegen kennengelernt.

4. **Warum hat Nina die Arbeit auf den Baustellen gefallen?**
   Die Arbeit hat ihr gefallen, weil sie …
   - a oft Kabel sortieren musste.
   - b viel selbst machen konnte.
   - c nicht pünktlich kommen musste.

5. **Warum ist Nina nicht traurig?**
   Sie ist nicht traurig, weil …
   - a das Praktikum immer spannend war.
   - b sie im Betrieb viel lernen konnte.
   - c sie den Beruf kennengelernt hat.

6. **Was möchte Nina jetzt werden?**
   - a Elektrikerin.
   - b Informatikerin.
   - c Chefin.

7. **Was beschreibt Nina?**
   Sie beschreibt …
   - a ihren Traumberuf.
   - b ihre Arbeit in einem Betrieb.
   - c einen Tag im Elektriker-Betrieb.

4 Freunde: Deine Tante schickt eine Nachricht. Schreibe eine Antwort.

| 9

Hallo, wie ist die neue Schule? Hast du schon Freunde? Erzähle! 🙂
Liebe Grüße, Tante Miriam
14:12

Du antwortest deiner Tante und schickst ihr das Bild mit deinen Freunden. Schreibe ca. 25 Wörter:

- Welche Person auf dem Foto ist dein bester Freund/deine beste Freundin?
- Warum ist er ein guter Freund/sie eine gute Freundin?
- Was macht ihr zusammen?
- Stelle deiner Tante eine Frage.

14:20

5 Vorlagen für den Test der Fertigkeit Sprechen | 12

Aufwärmen		Begrüßung; Wie geht's dir? Woher kommst du gerade?
Hauptteil	Ferien	Was machst du gerne in den Ferien? (Erzähle.) Gehst du gern wandern? Fährst du lieber ans Meer? Was machst du da? (Erzähle.) Wie war's in den letzten Ferien? Wohin/Mit wem bist du gefahren? Wo hast du übernachtet? Wie war das Wetter?
	Pläne	Welchen Beruf findest du toll und welchen nicht? Möchtest du … werden? Warum? Möchtest du ein Praktikum machen? Wo? Was macht man da? (Erzähle.) Hast du Pläne für die Zukunft? Was möchtest du in Zukunft machen oder haben? (Erzähle.)
	Schulfächer	Welche Fächer magst du? Magst du Deutsch/Mathe/Musik …? In welchen Fächern bist du gut? Welche Fächer findest du schwer?
	Freundschaft	Hast du Freunde/Geschwister (einen Freund/eine Freundin)? Wie heißt er/sie? Ist er/sie älter/jünger als du? Wie alt ist er/sie/bist du? Wie sieht er/sie aus/siehst du aus? Wie ist er/sie/bist du? Ist er/sie ein guter Freund/eine gute Freundin? Was sind gute Freunde? Warum?
	Rollenspiel (Bewerbungsgespräch)	Wir spielen jetzt einen Dialog. Du suchst ein Praktikum als Elektriker/in in einem Betrieb oder als Erzieher/in in einem Kindergarten und stellst dich vor. Ich bin der Chef/die Chefin. Stelle mir Fragen über das Praktikum. Du hast dir eine Checkliste mit Fragen gemacht.
Abkühlen		Was machst du jetzt? Hast du Pläne für heute? Verabschiedung

✂- -

Karte für das Rollenspiel

Checkliste Praktikum:

Tätigkeiten?	Freizeit?	Geld?
Arbeitszeit?	Kollegen?	

Bilder und Töne

Name Klasse Datum

Punkte | 30

1 Sorgen-Chat: Lies den Text und die Fragen. Markiere die richtige Antwort. | 5

meinkummerkasten.org

Von: Tobi@netmail.de

Hallo! Ich habe ein Problem.
Matze ist mein Freund. Seit einem halben Jahr spielt er dauernd Computerspiele. Wenn ich bei ihm zu Hause bin, sitzt er vor dem Laptop. Wenn wir unterwegs sind, dann spielt er auf dem Handy. Das macht er auch im Unterricht.
Ich mag Computerspiele. Aber ich möchte auch gerne Freunde treffen, Fußball spielen oder Musik machen.
Matze darf nicht so viel am Computer sitzen. Viele Freunde reden nicht mehr mit ihm. Er hat auch Probleme in der Schule. Wenn ich das sage, ist er sauer. Er antwortet: „Lass mich in Ruhe!" Ich habe ihn gefragt: „Was machst du, wenn du zwischen Computerspielen und Freunden wählen musst?"
Er findet die Frage blöd. Das macht mich traurig.
Es geht Matze nicht gut. Man muss ihm helfen. Was kann ich machen? Tobi

1. **Was macht Matze sehr oft?**
   Matze …
   a spielt oft am Computer.
   b ist oft mit Freunden unterwegs.
   c macht oft Musik.

2. **Was machen Matzes Freunde?**
   Matzes Freunde …
   a telefonieren oft mit Matze.
   b spielen mit Matze Computerspiele.
   c sprechen nicht mehr mit Matze.

3. **Wie geht es Tobi?**
   Tobi …
   a ist sauer.
   b ist traurig.
   c fühlt sich blöd.

4. **Wer sind Matze und Tobi?**
   Sie sind …
   a Spiele-Entwickler.
   b Fußballspieler.
   c Schüler.

5. **Warum schreibt Tobi diese E-Mail?**
   Tobi schreibt diese E-Mail, weil er …
   a Matze helfen möchte.
   b neue Freunde sucht.
   c computersüchtig ist und Hilfe braucht.

2 Elektrische Geräte: Ergänze die Sätze. | 4

Wetterbericht – anmachen – Radio – Fernsehsender

1. ARD und ZDF sind die größten deutschen ______________________.
2. Mein Vater sieht jeden Abend den ______________________.
3. Es ist dunkel. Kannst du bitte das Licht ______________________?
4. Meine Oma hört gerne ______________________.

3 Computerprobleme: Lies den Text und ergänze die Lücken. | 11

Kannst du deine E-Mails che_ _ _ _[1]?
Ich habe dir eine Datei geschickt.
15:24

Ich kann deine E-Mail nicht öf _ _ _ _[2]. Mein Computer hat ein Problem.
15:27

Du musst alle Programme schl _ _ _ _ _[3] und den Computer neu sta _ _ _ _[4].
15:28

Das geht nicht. Kannst du die Datei mit WhatsApp sen _ _ _[5]?
15:29

Ja, aber ich muss sie noch hochla _ _ _[6]. ... Ok.
15:29

Super. Dann kann ich die Datei jetzt herun _ _ _ _ _ _ _ _[7]. Hast du die Infor _ _ _ _ _ _[8] für das Refe _ _ _[9] über YouTube?
15:31

Nein, ich muss noch viel reche _ _ _ _ _ _ _ _[10].
15:31

Ich habe einen Text über YouTube. Du kannst ihn benu _ _ _ _[11].
15:32

Cool! Vielen Dank.
15:32

4 *Wenn* und *dass*: Was passt zusammen? Ordne zu. | 4

1. Wenn ich Geld habe,
2. Wenn sie zu viel Computer spielt,
3. Der Lehrer hat gesagt,
4. Meine Oma sagt,

☐ a dass die Schüler die Wörter lernen sollen.
☐ b dann kaufe ich mir ein Auto.
☐ c dass ich im Zimmer aufräumen soll.
☐ d ist sie in der Schule nicht konzentriert.

5 Dürfen oder nicht dürfen? Ergänze die richtige Form von *dürfen*. | 6

1. Mein Bruder und meine Schwester ______________ jeden Tag nur eine Stunde fernsehen.
2. Ich ______________ morgens nicht fernsehen.
3. Ihr ______________ die Handys im Unterricht nicht anmachen.
4. Am Wochenende ______________ du ins Kino gehen.
5. Helen ______________ nicht ohne Helm Fahrrad fahren.
6. An unserer Schule ______________ wir in der Pause im Internet surfen.

Bilder und Töne | Zusammenleben

Name Klasse Datum

Punkte | 35

04 **1** Annes Geschichte: Lies zuerst die Fragen und die Antworten. Hör den Text und markiere die Lösungen. Du hörst den Text zweimal. | 6

1. **Was darf Anne beim Frühstück tun?**
   Sie darf …
   a fernsehen.
   b Musik hören.
   c Zeitung lesen.

2. **Welches Fach hat Anne in der ersten Stunde?**
   Sie hat …
   a Geschichte.
   b Englisch.
   c Musik.

3. **Wer stellt das Smartphone auf Vibrationsalarm?**
   a Anne.
   b Paul.
   c Karl.

4. **Was macht Anne in der Mittagspause?**
   Anne …
   a schaut Fotos an.
   b checkt ihre Nachrichten.
   c geht einkaufen.

5. **Was passiert am Abend?**
   Am Abend …
   a funktioniert der Laptop nicht.
   b hat der Supermarkt zu.
   c ist der Strom weg.

6. **Worüber erzählt Anne?**
   Sie erzählt über …
   a ihre Lieblingsfächer.
   b ihren Tag.
   c ihre Klasse.

2 Die Wohngruppe: Lies den Text und markiere die richtigen Antworten. | 6

Wir sind eine Wohngruppe mit sieben Schülerinnen und Schülern. In unserer Wohnung gibt es vier Zimmer. Hier schlafen wir. Wir haben noch eine Küche und zwei Bäder. Wir fühlen uns hier wohl. Wir verstehen uns alle sehr gut. Am Abend machen wir oft etwas zusammen. Wir reden über die Schule, Freunde und Musik. Manchmal spielen wir Karten. Wir helfen uns oft gegenseitig beim Lernen. Manchmal streiten wir uns auch heftig, meistens über die Hausarbeit. Wer hat die Spülmaschine nicht ausgeräumt? Wer hat das Bad nicht richtig sauber gemacht?

1. **Wie viele Schlafzimmer hat die Wohnung?**
   Die Wohnung hat …
   a 7 Schlafzimmer.
   b 4 Schlafzimmer.
   c 2 Schlafzimmer.

2. **Was machen die Jugendlichen oft am Abend?**
   Die Jugendlichen …
   a spielen Gitarre.
   b hören Musik.
   c unterhalten sich.

3. **Welche Konflikte gibt es meistens?**
   Meistens gibt es Konflikte über …
   a die Hausarbeit.
   b die Spiele.
   c das Bad.

Ich ärgere mich, wenn ich schlechte Noten schreibe. Das macht mich wütend. Dann rede ich immer mit Selma und bin wieder ruhig.

Moritz Weiß

Morgens ärgere ich mich oft, wenn das Bad besetzt ist. Ich stehe meistens zu spät auf und habe dann Stress. Selma ist immer sauer, wenn sie die Spülmaschine ausräumen muss. Aber wir können über alles reden.

Tekla Vogel

Wir wissen, wann sich jemand gut oder schlecht fühlt. Bei uns fühlt man sich nie allein. Das finde ich gut.

Daniel Peters

4. **Warum redet Moritz oft mit Selma?**
   Er redet mit Selma, weil sie …
   a ihn beruhigen kann.
   b oft Stress hat.
   c ihn wütend macht.

5. **Was ärgert Tekla?**
   Es ärgert sie, wenn sie …
   a schlechte Noten bekommt.
   b morgens nicht ins Bad kann.
   c die Spülmaschine ausräumen muss.

6. **Wie gefällt den Jugendlichen das Leben in der Wohngruppe?**
   Sie fühlen sich in der Wohngruppe …
   a wohl.
   b alleine.
   c nicht gut.

3 Die Carl-Strehl-Schule in Marburg: Lies den Text und ergänze die Wörter. | 6

Die Carl-Strehl-Schule ist eine besondere Schule. Sie liegt in Marburg und ist das einzige Gym __ __ __ __ __ __ [1] für blinde Schülerinnen und Schüler in Deutschland. Sie können die Schule ab Klasse 5 besuchen und nach neun Jahren das Abi __ __ __ [2] machen. Die Schülerinnen und Schüler kommen aus ganz Deutschland und wohnen im Int __ __ __ __ __ [3]. Es ist nicht in der Schule. Sie gehen jeden Morgen selbstst __ __ __ __ __ [4] zur Schule. Sie haben die ganz normalen Fächer. Zusät __ __ __ __ __ [5] gibt es Unterricht in Blindenschrift. Die Carl-Strehl-Schule ist eine „europäische Schule“. Sie organisiert jedes Jahr einen Aust __ __ __ __ __ [6] mit England, Frankreich und Polen.

4 Gefühle: Was passt zusammen? Ordne zu. | 8

1. Wir kennen uns sehr gut.
2. Sie haben sich gestritten.
3. Das Konzert beginnt jetzt.
4. Paul fühlt sich wohl.

☐ a Er ist wieder gesund.
☐ b Wir können über alles reden.
☐ c Ich muss mich beeilen.
☐ d Aber sie haben Kompromisse gefunden.

5. Mein Laptop startet nicht.
6. Wir haben Streit und werden aggressiv.
7. Deine Wohnung ist sehr schön.
8. Wir haben das Turnier gewonnen.

☐ e Wir müssen uns beruhigen.
☐ f Ich fühle mich hier wie zu Hause.
☐ g Ich ärgere mich.
☐ h 1. Platz! Wir freuen uns sehr!

5 Streit-Regeln: Deine Freundin Chrissi hat dir auf Facebook geschrieben. | 9

Hi,
ich habe wieder Streit mit meiner Schwester und meinem Bruder! Ich möchte mich nicht mehr mit ihnen streiten. Kennst du Streit-Regeln? Was muss man tun? Was darf man nicht tun?

Bis bald!

Chrissi 🙂

Antworte Chrissi. Schreibe ca. 25 Wörter:

- Frage Chrissi nach den Problemen mit ihrer Schwester und ihrem Bruder.
- Schreibe 1–2 Streit-Regeln: Was muss man tun? Was darf man nicht tun?
- Erzähle: Streitest du auch oft? Mit wem?

Kim

Das gefällt mir

Name Klasse Datum

Punkte | 30

05 **1** Dialog: Lies zuerst die Fragen und die Antworten.
Hör den Dialog und markiere die Lösungen. Du hörst den Dialog zweimal. | 5

1. Wie lange braucht Maike morgens im Bad?
Sie braucht …
- a 20 Minuten.
- b 30 Minuten.
- c 60 Minuten.

2. Was findet Maike wichtig?
Sie findet …
- a gute Freunde wichtig.
- b schöne Haare wichtig.
- c Sport wichtig.

3. Was kauft Maike gern?
Sie kauft gern …
- a Taschen.
- b Schuhe.
- c Markensachen.

4. Wofür gibt Lukas viel Geld aus?
Er gibt viel Geld für …
- a Technik aus.
- b Friseur aus.
- c Kleidung aus.

5. Was ist das Dialog-Thema?
Das Thema ist: …
- a Aussehen.
- b Technik.
- c Tagesablauf.

2 Personenbeschreibung: Ergänze die Sätze. | 6

Sportwagen – Bezahlung – Moped – Typ – Nebenjob – Führerschein

Das ist mein Freund Torben. Er ist ein cooler ____________[1]!
Er ist 16. Er fährt jeden Tag mit dem ____________[2] zur Schule.
Er darf erst in zwei Jahren Auto fahren. Mit 18 kann er seinen ____________[3] machen. Torben liebt Autos. Er möchte dann einen schicken ____________[4] kaufen, am liebsten einen Ferrari.
Deshalb arbeitet er. Er hat einen ____________[5] in einem Kino.
Leider ist die ____________[6] nicht so gut. Aber Torben kann immer Filme anschauen. Er mag Filme.

3 Einkaufen: Ergänze die Wörter. | 9

- Ich brauche schöne Kleidung. Guck mal, Hanna. Wie findest du die Bl ___ ___ ___[1]? Sie passt gut zu meinem blauen Rock.
- Na ja, ich finde sie etwas altm ___ ___ ___ ___ ___ ___[2]. Sie ist ka ___ ___ ___ ___ ___[3]. Dieses Muster mag ich nicht. Die hier ist schön. Gefällt sie dir?
- Nein, die ist nicht schi ___ ___[4]. Ich brauche etwas für die Party am Samstag.
- Ach so. Wie gefällt dir das Kleid da? Das ist doch modi ___ ___ ___[5].
- Ja, aber es ist zu teuer. So viel Geld kann ich nicht ausg ___ ___ ___ ___[6]. Ach, das ist so kompli ___ ___ ___ ___ ___[7]!
- Oh, der Rock und das T-Shirt ste ___ ___ ___[8] dir bestimmt super.
- Ja? Oh, ja! Der Rock und das T-Shirt pas ___ ___ ___[9] mir.

4 Adjektive vor dem Nomen: Ergänze den Nominativ. | 6

Ich habe einen Hund. Er heißt Moritz. Er ist ein ganz lieb__________[1], klein__________[2] Hund.

Mein Papa hat ein Auto. Es ist ein schick__________[3], schnell__________[4] Auto.

Carla trägt immer Taschen. Ihre groß__________[5] Taschen sind ihr Markenzeichen. Ihre rot__________[6] Tasche war bestimmt teuer!

5 Dativpronomen: Ergänze die richtigen Formen in den Fragen und Sätzen. | 4

1. Wie gefällt ________________ (du) der Hund? Ich finde ihn süß.
2. Marie ärgert sich. Die Schuhe gefallen ________________ (sie) nicht.
3. Guten Tag, Frau Hartig, wie geht es ________________ (Sie)?
4. Kannst du ________________ (ich) bei den Hausaufgaben helfen?

Wie war's in den Ferien? | Meine Pläne | Freundschaft | Bilder und Töne | Zusammenleben | Das gefällt mir | Mehr über mich

Name Klasse Datum

Punkte | 35

06 **1** Auf dem Schulhof: Lies die Fragen und Antworten. Du hörst ein Gespräch. Was ist richtig: a, b oder c? Du hörst das Gespräch zweimal. | 5

1. **Was hat Mark gemacht?**
   Mark …
   a musste arbeiten.
   b hat Wien besichtigt.
   c war wandern.

2. **Was hat Lina gemacht?**
   Sie war …
   a im Schwimmbad.
   b in Österreich.
   c in einer Berghütte.

3. **Was mögen Lina und Mark?**
   Lina und Mark …
   a mögen Kunst und Kultur.
   b gehen gerne in die Berge.
   c schwimmen gern.

4. **Was möchte Georg?**
   Er möchte …
   a in Australien Urlaub machen.
   b seine Eltern besuchen.
   c nach Wien fahren.

5. **Worüber sprechen Lina und Mark?**
   Sie sprechen über …
   a ihre Sommerferien.
   b ihren Besuch im Kunstmuseum.
   c ihren Surfkurs.

07 **2** Wer ist dir wichtig? Hör das Interview und kreuze an: richtig oder falsch? Du hörst das Interview zweimal. | 3

	richtig	falsch
1. Carolin mag Onkel Robert, weil er immer Zeit hat.	☐	☐
2. Carolin mag Coldplay, weil ihr die Texte gefallen.	☐	☐
3. Am 07.02. ist das Konzert von Coldplay.	☐	☐

3 E-Mail von Moritz: Lies die E-Mail. Was ist richtig: a, b oder c? | 6

Neue Mail ⇨ **Senden**

Hallo Dominik,

wie geht's dir?
Entschuldige, ich habe dir lange nicht geschrieben. Ich musste sehr lange zu Hause bleiben und im Bett liegen. Ich wollte in den Ferien mit meinen Eltern in den Urlaub fahren. Dann wollte ich ein Praktikum machen. Aber ich hatte die Grippe!
Jetzt geht es mir wieder gut. Das Praktikum bei der Tageszeitung kann ich aber erst in den nächsten Ferien machen. Es beginnt im Juli.
Morgen gehe ich wieder zum Basketballtraining. In vier Wochen ist ein großes Turnier in Stuttgart. Da möchte ich unbedingt mitspielen.
Jonathan kommt jeden Tag nach der Schule zu mir. Er hilft mir. Das ist toll von ihm. Wir machen zusammen die Hausaufgaben und lernen Vokabeln.
Am Wochenende ist mein Geburtstag. Es gibt eine Party. Ich freue mich, wenn du zur Party kommst! Hast du Zeit?
Und wie waren deine Ferien? Wie war dein Praktikum bei der Polizei? Möchtest du jetzt immer noch Polizist werden?

Liebe Grüße
Moritz

1. **Warum hat Moritz lange nicht geschrieben?**
   Moritz …
   a war im Urlaub.
   b war krank.
   c musste viel trainieren.

2. **Wann kann Moritz das Praktikum machen?**
   Er kann das Praktikum …
   a abends nach der Schule machen.
   b im Sommer machen.
   c am nächsten Wochenende machen.

3. **Was macht Moritz morgen?**
   Morgen …
   a fährt er nach Stuttgart.
   b geht er nach der Schule zu Jonathan.
   c macht er Sport.

4. **Was denkt Moritz über Jonathan?**
   Er denkt, dass Jonathan ein guter …
   a Freund ist.
   b Polizist wird.
   c Basketballspieler ist.

5. **Wo hat Dominik sein Praktikum gemacht?**
   Er hat sein Praktikum …
   a beim Basketballverein gemacht.
   b bei der Polizei gemacht.
   c bei einer Zeitung gemacht.

6. **Warum schreibt Moritz an Dominik?**
   Er möchte, dass Dominik …
   a ihm mit den Hausaufgaben hilft.
   b ihn am Wochenende besucht.
   c zum Basketballturnier kommt.

4 Shopping in Berlin: Deine Freundin/dein Freund findet Kleidung wichtig und mag Shoppen. Sie/Er hat dir eine E-Mail geschrieben.

| 9

Neue Mail ⇨ Senden

Hi,

ich möchte nach Berlin fahren und einkaufen gehen. Es gibt ein cooles, neues Geschäft. Ich brauche neue Hosen und T-Shirts. Ich möchte, dass du mitkommst und mir hilfst. Hast du Lust? Ich freue mich, wenn wir zusammen nach Berlin fahren.

Liebe Grüße
Kim

Antworte deiner Freundin/deinem Freund. Schreibe ca. 25 Wörter:

– Sage danke und sage, dass du kommst.
– Welche Kleidung möchtest du kaufen? Warum brauchst du diese Kleidung?
– Frage nach dem Tag und nach der Zeit.

Neue Mail ⇨ Senden

5 Vorlagen für den Test der Fertigkeit Sprechen | 12

Aufwärmen		Begrüßung; Wie geht's dir? Welchen Unterricht hast du heute? Was hast du heute zum Frühstück gegessen?
Hauptteil	Pläne	Welchen Beruf findest du toll und welchen nicht? Möchtest du … werden? Warum? Möchtest du ein Praktikum machen? Wo? Warum?
	Bilder und Töne	Hast du viele elektrische Geräte? Was machst du mit ihnen? (Erzähle.) Wie oft bist du im Internet? Wie lange darfst du im Internet surfen/am Computer sitzen? Was machst du im Internet/mit dem Handy? (Erzähle.) Wie oft siehst du fern? Welche Fernsehsendungen siehst du gern an?
	Freundschaft	Hast du Freunde/Geschwister (einen Freund/eine Freundin)? Wie heißt er/sie? Ist er/sie älter/jünger als du? Wie alt ist er/sie/bist du? Wie sieht er/sie aus/siehst du aus? Wie ist er/sie/bist du? Ist er/sie ein guter Freund/eine gute Freundin? Was sind gute Freunde? Warum?
	Das gefällt mir	Gehst du gerne einkaufen? Mit wem? Was ist wichtig für dich? Was kaufst du gern? Wo? (Erzähle.) Welche Kleidung gefällt dir? Für was gibst du viel Geld aus? Sind dein Aussehen und Kleidung wichtig für dich? Was machst du für dein Aussehen? (Erzähle.)
	Rollenspiel (Streit)	Wir spielen jetzt einen Dialog. Du bist mein Bruder/meine Schwester. Wir streiten uns über die Xbox. Wir wollen die Xbox beide benutzen. Wir müssen eine Lösung finden. Wer nutzt die Xbox? Wann?
Abkühlen		Was machst du jetzt? Was machst du am Wochenende? Verabschiedung

Karte für das Rollenspiel

Du streitest dich mit deinem Bruder/
deiner Schwester über die Xbox.
Wer darf die Xbox haben? Wann darfst du sie haben?

Fitness und Sport

Name Klasse Datum

Punkte | 30

1 Ein Interview mit Tobi: Lies zuerst die Fragen und Antworten. Hör das Interview und kreuze an: a, b oder c. Du hörst das Interview zweimal. | 5

08

1. **Was ist für Tobi am wichtigsten?**
   Für Tobi ist ...
   - a Fußball am wichtigsten.
   - b das Schachturnier am wichtigsten.
   - c die Schule am wichtigsten.

2. **Wie oft trainiert Tobi?**
   Er trainiert ...
   - a jedes Wochenende.
   - b nur jeden Freitag.
   - c jede Woche an 5 Tagen.

3. **Was hat Tobis Mannschaft letzte Woche gemacht?**
   Die Mannschaft hat ...
   - a die Meisterschaft gewonnen.
   - b ein Spiel verloren.
   - c nicht trainiert.

4. **Welchen Sport macht Tobis Schwester?**
   Tobis Schwester ...
   - a spielt Fußball.
   - b spielt Schach.
   - c macht Yoga.

5. **Was ist das Thema von dem Interview?**
   Das Thema ist ...
   - a die Meisterschaft.
   - b Tobis Lieblingssport.
   - c der Sieg in Frankfurt.

2 Bundesjugendspiele: Ergänze den Text. | 5

Rekord – Turnhalle – Urkunde – Sportplatz – werfen

Diese Woche finden die Bundesjugendspiele auf dem ____________ 1 statt. Alle Schüler bekommen am Ende eine ____________ 2. Jonas kann schnell laufen. Sein ____________ 3 ist: 100 Meter in 11,9 Sekunden. Lisa kann weit ____________ 4. Letztes Jahr hat sie mit 55,3 Metern den ersten Platz gemacht. Am Ende gibt es heute Kuchen in der ____________ 5. Ich freue mich!

3 Der Sportunfall: Lies den Text und ergänze die Wörter. | 10

Neue Mail ⇨ **Senden**

Hi Tina,

du weißt, ich mache nicht gerne Sport. Aber letzte Woche haben meine Freunde gesagt: „Wir wollen in der Ha __ __ __ [1] Basketball spi __ __ __ __ [2]. Komm mit!"

Meine Manns __ __ __ __ __ [3] war sehr gut.

Wir haben gewusst, dass wir gew __ __ __ __ __ [4] können. Da ist es dann passiert: Der Ball war in der Lu __ __ [5]. Ich wollte spr __ __ __ __ __ [6], aber der Ball war zu ho __ __ [7] und ich bin gestürzt. Ich hatte starke Schm __ __ __ __ __ [8] im Arm. Ich musste ins Kra __ __ __ __ __ __ __ __ [9]. Der Arzt hat gesagt: Da kann man nichts machen. Der Arm ist gebr __ __ __ __ __ [10]. Jetzt darf ich sechs Wochen keinen Sport machen. 🙂

Wie geht es dir?

Liebe Grüße

Maren

4 Gut - besser - am besten: Ergänze die richtigen Formen. | 10

1. Der Berg Großglockner ist mit 3798 m sehr __________ [1] (hoch), aber der Aconegua ist mit 6962 m viel __________ [2] (hoch). Der Mount Everest ist mit 8848 m am __________ [3] (hoch).

2. Bei den Bundesjugendspielen ist Samuel 2,7 m __________ [4] (weit) gesprungen. Lina ist genauso __________ [5] (weit) gesprungen.

3. In Rom ist es im Winter __________ [6] (warm) als in Berlin, aber in Berlin ist es __________ [7] (warm) als in Oslo. In Oslo ist es am __________ [8] (kalt).

4. Tina macht __________ [9] (gern) Sport. Sie spielt am __________ [10] (gern) Volleyball.

Unsere Feste

Name Klasse Datum

Punkte | 30

1 E-Mail aus Stuttgart: Lies den Text und beantworte die Fragen. | 5

Neue Mail ⇨ Senden

Hi Isabell,
wie geht's? Unsere Deutschlandreise fängt an! Heute sind wir in Stuttgart auf einem Stadtfest. Es ist richtig toll! Benny ist auf dem Free-Fall-Tower und dann mit der Achterbahn gefahren. Ich bin nur mit dem Riesenrad gefahren. Benny und ich trinken jetzt eine Cola und fahren dann zusammen Autoscooter.
Zum nächsten Stadtfest musst du unbedingt mitkommen!
Morgen fahren wir nach Hamburg. Meine Freundin Tamara feiert ihre Hochzeit. Ich freue mich schon sehr darauf. Sie hat ihre Familie und viele Freunde eingeladen. Das sind 250 Personen!
Nächste Woche fahren wir nach Berlin. Dort möchte ich meinen Geburtstag feiern.
Wenn wir wieder zu Hause in Köln sind, zeige ich dir die Urlaubsfotos!
Bis bald!
Deine Nele

1. **Was machen Nele und Benny gemeinsam?**
   Sie fahren ...
   a auf dem Free-Fall-Tower.
   b Autoscooter.
   c mit dem Riesenrad.

2. **Was macht Nele morgen?**
   Nele ...
   a sieht ihre Freundin Tamara.
   b geht auf ein Stadtfest.
   c fährt mit Benny nach Berlin.

3. **Wen hat Tamara eingeladen?**
   Sie hat ...
   a Isabell eingeladen.
   b die Familie von Nele eingeladen.
   c Freunde und Verwandte eingeladen.

4. **Was möchte Nele zu Hause machen?**
   Sie möchte ...
   a Isabell Fotos zeigen.
   b ihren Geburtstag feiern.
   c Achterbahn fahren.

5. **Was erzählt Nele?**
   Sie erzählt, ...
   a was sie in Stuttgart macht.
   b warum sie eine Deutschlandreise macht.
   c was auf ihren Urlaubsfotos ist.

2 Indirekte Fragen: Ergänze. | 5

wie – wann – ob – wo – wie viele

1. Kannst du mir sagen, ________________ Dienstage ein Jahr hat?
2. Hast du gelernt, ________________ hoch der Mount Everest ist?
3. Kannst du mir sagen, ________________ dein Geburtstag ist?
4. Hast du gehört, ________________ Max zum Fest mitkommt oder nicht?
5. Kannst du mir auf der Karte zeigen, ________________ die Pinguine leben?

3 Feste: Ordne die Bilder den Sätzen zu. | 5

A

B

C

D

E

1. Auf unserem Dorffest gibt es ein altes Karussell. ☐
2. Im Frühling feiert man in Deutschland das Osterfest. ☐
3. Im Sommer feiern viele Menschen ihr Hochzeitsfest. ☐
4. Im Dezember feiert man in Deutschland das Weihnachtsfest. ☐
5. Morgen feiere ich meinen Geburtstag. Der Geburtstagskuchen ist sehr schön. ☐

4 Tinas Blog: Lies den Text und ergänze die Wörter. | 7

Tinas Blog | **+Kommentar** | **Suchen** | **⇨ Startseite**

Ich freue mich auf das Schulfest! Jedes Jahr feiern wir mit der ganzen Schule Karneval.

Alle Lehrer und Schüler sind verkl _ _ _ _ _ [1] und müssen ihre Kleidung

prä _ _ _ _ _ _ _ _ _ [2].

Es gibt viele Süß _ _ _ _ _ _ _ _ [3].

Dieses Jahr haben wir einen Mu _ _ _ _ _ [4] aus Köln eingeladen! Er spielt Gitarre und singt. Das ist der Höh _ _ _ _ _ _ [5] vom Fest. Der Eint _ _ _ _ [6] ist frei. Unsere Freunde und Familien kommen auch. Es gibt bestimmt viele Zus _ _ _ _ _ _ [7].

5 Wissen: Ergänze die richtige Form von *wissen*. | 8

1. ______________ [1] Sie, wer der erste Mensch auf dem Mond war? Ich ______________ [2] das.
2. ______________ [3] ihr, warum Eisbären keine Pinguine fressen? Wir ______________ [4] das nicht.
3. Wer ______________ [5], wohin Lena in den Ferien fährt? ______________ [6] du das, Peter?
4. ______________ [7] alle, was die Abkürzung „CD" bedeutet? Viele Menschen ______________ [8] das nicht.

Fitness und Sport | Unsere Feste | Austausch

Name Klasse Datum

Punkte | 45

09 **1** Am Wochenende: Lies zuerst die Fragen und die Antworten. Hör den Dialog und kreuze an: a, b oder c. Du hörst den Dialog zweimal. | 5

1. **Was machen Lena und Christopher am Freitag?**
   Sie gehen …
   - [a] auf ein Schulfest.
   - [b] nach Nürnberg.
   - [c] auf eine Hochzeit.

2. **Was macht Lena am Samstag?**
   Lena …
   - [a] geht auf den Weihnachtsmarkt.
   - [b] feiert mit ihrer Schwester.
   - [c] verkauft Weihnachtsplätzchen.

3. **Wann kommen Christopher und Lena in Nürnberg an?**
   - [a] Am Morgen.
   - [b] Am Mittag.
   - [c] Am Abend.

4. **Was will Lena in Nürnberg kaufen?**
   Sie will …
   - [a] ein Geschenk für ihre Schwester.
   - [b] Weihnachtsgeschenke.
   - [c] Kleidung für den Winter.

5. **Was planen Lena und Christopher?**
   Sie planen …
   - [a] das Schulfest.
   - [b] eine Reise.
   - [c] einen Besuch im Theater.

2 Karate: Lies den Text und die Fragen. Markiere die richtige Lösung. | 7

Hi, ich bin Elisa. Ich mache Karate. Ich trainiere mit meinem Freund Kim in einem Karate-Verein. Jede Woche drei Mal abends. Das macht mir Spaß.
Fitness ist wichtig für jeden Sportler. Ich mache viel Sport. Zwei Mal pro Woche gehe ich auf dem Sportplatz joggen. Am Wochenende spiele ich in der Turnhalle mit meinen Freunden Basketball. Ich brauche einen starken Körper. Aber was ist mit dem Kopf? Den Kopf muss man auch fit halten. Jeden Montag spiele ich zu Hause Schach mit meinem Vater. Das ist wichtig für eine gute Konzentration. Mein Vater spielt richtig gut. Er hat schon viele Turniere gewonnen. Im Oktober fahre ich nach Japan. Ich nehme dort an einem Karate-Training für Jugendliche teil.
In Japan gibt es viele Sehenswürdigkeiten, aber dafür habe ich keine Zeit. Ich muss trainieren. Mein Ziel ist der blaue Gürtel. Die Prüfung findet nächstes Jahr statt.

1. **Was macht Elisa zusammen mit Kim?**
   Elisa …
   - a joggt zusammen mit Kim.
   - b spielt mit Kim Schach.
   - c trainiert mit Kim Karate.

2. **Wie oft trainiert Elisa auf dem Sportplatz?**
   Sie trainiert …
   - a jeden Tag.
   - b an 2 Tagen pro Woche.
   - c an 3 Tagen pro Woche.

3. **Wo spielt Elisa Schach?**
   Sie spielt …
   - a in der Turnhalle.
   - b im Verein.
   - c zu Hause.

4. **Was macht Elisas Vater?**
   Elisas Vater …
   - a nimmt an Schachturnieren teil.
   - b trainiert Jugendliche.
   - c spielt in einem Basketball-Verein.

5. **Warum spielt Elisa Schach?**
   Sie spielt Schach, weil …
   - a sie bald ein Turnier hat.
   - b Schach ihr Lieblingssport ist.
   - c es gut für einen Sportler ist.

6. **Was macht Elisa in Japan?**
   Elisa …
   - a besucht ihre Freunde.
   - b sieht Sehenswürdigkeiten an.
   - c bereitet sich auf eine Prüfung vor.

7. **Was erzählt Elisa?**
   Sie erzählt über …
   - a ihren Alltag und ihre Pläne.
   - b ihren Lieblingssportler.
   - c den Karatesport in Japan.

3 Austauschberichte: Ergänze die Wörter. | 12

Das Wetter hier ist wun _ _ _ _ _ _ _ _ [1]. Jeden Tag ist es sonnig.

Ich habe hier ein großes Zimmer. Den Tisch möchte ich ans Fenster st _ _ _ _ _ [2]. Das Foto von meiner Familie möchte ich an die Wand hä _ _ _ _ [3].

Hier ist alles ganz furc _ _ _ _ _ [4]. Die Menschen sehen mich ko _ _ _ _ _ [5] an. Am liebsten möchte ich wieder nach Hause. Ich habe Hei _ _ _ _ [6]!

Letztes Jahr war ich auf einer Schule in einem anderen La _ _ [7] – in Brasilien. Ich hatte oft An _ _ _ [8], dass ich mit dem falschen Bus zur Schule fahre. Aber es hat immer geklappt!

Meine Gastf _ _ _ _ _ _ [9] ist sehr nett. Ein Austausch ist für mich eine schöne Erf _ _ _ _ _ _ [10].

Ich habe einen langen Schu _ _ _ _ [11]. Wir müssen jeden Tag eine Stunde mit dem Bus fahren. Am Morgen sind sehr viele Autos auf der Straße – der Verk _ _ _ [12] ist schrecklich!

4 Bundesjugendspiele: Ming Chan ist eine Austauschschülerin aus China. Letztes Jahr war sie in deiner Klasse und hat an den Bundesjugendspielen an deiner Schule teilgenommen. Sie schickt dir eine SMS. | 9

Hi,
wie geht's? Habt ihr nicht bald Bundesjugendspiele? Wann?
Welche Sportarten gibt es dieses Jahr? Nimmst du teil?
Viele Grüße
Ming 🙂 14:12

Du antwortest Ming Chan und schickst ihr ein Bild. Schreibe ca. 25 Wörter:

- Beantworte Mings Fragen.
- Beschreibe das Bild: Wer ist die Person? Was macht sie?
- Stelle eine Frage zum Sport in der Schule in China.

____

____

____

____

____

____

____

____

____

____

14:20

5 Vorlagen für den Test der Fertigkeit Sprechen | 12

Aufwärmen		Begrüßung; Wie geht es dir? Wie war deine Woche/dein Wochenende?
Hauptteil	Sport und Fitness	Machst du gerne Sport? Warum (nicht)? Wie oft machst du Sport? Was machst du genau? (Erzähle.) Wie wichtig findest du Sport und Fitness? Welche Sportler kennst du? Was machen sie? Wer ist dein Lieblingssportler/deine Lieblingssportlerin? Was macht er/sie? Was weißt du über ihn/sie? (Erzähle.)
	Auf dem Stadtfest	Warst du schon auf einem Stadtfest? Was kann man dort machen? Magst du Riesenrad/Free-Fall-Tower/Achterbahn/... fahren?
	Feste	Welche Feste feiert man in deinem Land? Was ist dein Lieblingsfest? Wie feierst du es? Was machst du da? (Erzähle.) Feiert ihr Schulfeste? Was macht ihr da? (Erzähle.)
	Austausch	Was isst man in deinem Land? Welche Kleidung trägt man dort in der Schule? Wie ist das Wetter/das Klima dort? Wann gibt es in deinem Land Schulferien? Hast du schon einen Austausch gemacht? Wo warst du?/Wohin möchtest du fahren? Wie findest du das Leben dort? Was ist anders/besser/schlechter als in deinem Land?
	Rollenspiel	Wir spielen jetzt einen Dialog. Du bist eine Austauschschülerin/ein Austauschschüler. Ich bin deine Gastmutter/dein Gastvater. Und das hier ist dein Zimmer. Wir müssen einen Platz für deine Sachen und für die Möbel finden. Wohin tun wir sie? Es gibt viele Sachen.
Abkühlen		Was machst du heute/am Wochenende? Verabschiedung

✂ -

Karte für das Rollenspiel

Du bist eine Austauschschülerin/ein Austauschschüler. Deine Gastmutter/dein Gastvater zeigt dir dein Zimmer. Wir müssen einen Platz für deine Sachen und für die Möbel finden:

Sofa – Tisch – Schrank – Bett – Stuhl – Notebook – Poster – Foto

Wohin tun wir sie? Es gibt viele Sachen.

Berliner Luft

Name Klasse Datum

Punkte | 30

10 **1** In Berlin: Lies die Fragen und die Antworten. Du hörst fünf kurze Gespräche. Höre und kreuze an: a, b oder c. Du hörst die Gespräche zweimal. | 5

1. **Wie kommt die Frau zur Marienkirche?**
   Die Frau …
   a geht zu Fuß.
   b fährt mit dem Bus.
   c nimmt die Straßenbahn.

2. **Was sucht die Frau?**
   Sie sucht …
   a ein Gebäude.
   b eine Brücke.
   c eine Kreuzung.

3. **Wo ist das Museum?**
   Es ist …
   a auf dem Platz.
   b in Altmariendorf.
   c direkt neben der U-Bahn-Station.

4. **Was will Katrin heute besichtigen?**
   Sie will heute den …
   a Zoo besichtigen.
   b Reichstag besichtigen.
   c Alexanderplatz besichtigen.

5. **Wohin können Tim und Silke heute Abend gehen?**
   Sie können …
   a ins Theater gehen.
   b ins Kino gehen.
   c zum Filmfestival gehen.

2 Höflich fragen und bitten: Ergänze die Wörter. | 6

1. Kö __ __ __ __ [1] Sie mir sagen, was ein Ticket für die U-Bahn kostet?
2. Hallo, wir hä __ __ __ __ [2] ge __ __ [3] drei Würstchen mit Brötchen!
3. Entschu __ __ __ __ __ __ __ [4], können Sie mir helfen?
4. Wir möc __ __ __ __ [5] bi __ __ __ [6] drei Karten für „James Bond" haben.

3 Unsere Klassenfahrt: Ergänze die Lücken. | 12

geteilt – Besucher – Stadtrundfahrt – behalten – riesig – über

Ich finde es cool, dass wir dieses Jahr nach Berlin gefahren sind! Die Stadt ist so groß, einfach ____________ 1. Gestern haben wir eine ____________ 2 mit einem Bus gemacht und viel über die Geschichte gelernt. Etwas habe ich im Kopf ____________ 3: Berlin war fast 30 Jahre lang ____________ 4. Heute besichtigen viele ____________ 5 die Berliner Mauer. Sie kommen aus ____________ 6 170 Ländern!

spontan – Kaufhaus – Führung – Bundestag – Sehenswürdigkeiten – Abgeordnete

Ich freue mich schon auf morgen: wir bekommen eine ____________ 7 im ____________ 8. Vielleicht treffen wir ja auch ein paar ____________ 9 aus der Regierung. Danach schauen wir uns noch andere ____________ 10 im Zentrum an. Vielleicht können wir ja noch ____________ 11 ins ____________ 12 gehen – ich brauche unbedingt neue Schuhe.

4 Unterwegs in der Stadt: Ergänze die Präpositionen. | 7

nach – durch – ins – zum – zur – über die – durch den

1. ■ Hey, wo wollt ihr hin?
   ● Wir gehen ________ Pariser Platz.
2. ■ Entschuldigung, wo geht's denn zum Kino „Prager Frühling"?
   ● Ihr müsst nur ________ Park dort laufen.
3. ■ Kommst du mit ________ Kino?
   ● Nein, ich muss leider noch lernen.
4. ■ Entschuldigung, können Sie mir sagen, wie ich zur Museumsinsel komme?
   ● Ja, da müssen Sie auf die andere Seite. Gehen Sie am besten an der Ampel ________ Straße.
5. ■ Wohin fährt diese U-Bahn?
   ● Die fährt ________ Berlin-Charlottenburg.
6. ■ Frau Walter, wo ist hier die nächste Toilette?
   ● Da geht ihr am besten ________ Haltestelle Alexanderplatz. Am nächsten Imbiss ist eine Toilette.
7. ■ Was ist die Spree?
   ● Das ist ein Fluss. Er fließt ________ Berlin.

Berliner Luft | Welt und Umwelt

Name Klasse Datum

Punkte | 35

11 **1** Das Wetter: Sieh die Bilder an und lies die Städte. Du hörst einen Wetterbericht. Ordne die Bilder den Städten zu. Du hörst den Bericht zweimal.

A

B

C

D

E

F

G

H

1. Kairo	☐	3. Rabat	☐	5. Amsterdam	☐	7. Rio de Janeiro	☐
2. Bergen	☐	4. Moskau	☐	6. Oslo	☐	8. Berlin	☐

2 Deutsche Geschichte in Berlin: Lies den Text und beantworte die Fragen. | 6

Nach dem Zweiten Weltkrieg ist Deutschland geteilt in Ostdeutschland (DDR) und Westdeutschland (BRD). 1961 baut die DDR-Regierung eine Mauer in Berlin. Viele Familien sind getrennt. Erst 1963 dürfen West-Berliner an Grenzübergängen über die Grenze gehen und ihre Verwandten in der DDR besuchen. Die Kontrollen sind aber streng. Die Stadt ist bis 1989 geteilt.

Nach langen Protesten öffnet die DDR-Regierung am 9. November 1989 die Grenzen. Man spricht auch vom „Fall der Mauer“. Seit dem 3. Oktober 1990 ist Deutschland wieder ein Land. Berlin ist heute die Hauptstadt von Deutschland.

Seit 1999 ist Berlin der Sitz von Regierung und Parlament. Hier leben 3,5 Mio. Menschen. Besucher aus aller Welt kommen nach Berlin und besichtigen die Sehenswürdigkeiten: das Brandenburger Tor, den Reichstag und die „East Side Gallery“. Dort kann man am Ufer der Spree Reste von der Mauer sehen.

Die Spree, die Havel und die Dahme fließen durch Berlin. Man kann auch Stadtrundfahrten mit dem Schiff machen.

Viele Touristen kommen im Februar zum Filmfestival „Berlinale“.

1. **Was war 1961?**
   1961 baut die DDR …
   a das Brandenburger Tor.
   b die Berliner Mauer.
   c die „East Side Gallery“.

2. **Was passiert 1963?**
   Ab 1963 …
   a können Ost-Berliner auf die andere Seite.
   b kommen viele Besucher nach Berlin.
   c dürfen sich Verwandte wieder treffen.

3. **Wann war der „Fall der Mauer“?**
   Er war im …
   a Sommer 1999.
   b Herbst 1989.
   c Winter 1990.

4. **Was ist die „East Side Gallery“?**
   Das ist …
   a ein Festival.
   b eine Sehenswürdigkeit.
   c ein Regierungssitz.

5. **Wie viele Berliner Flüsse nennt der Text?**
   Er nennt …
   a einen Fluss.
   b zwei Flüsse.
   c drei Flüsse.

6. **Was erzählt der Text?**
   Er erzählt die Geschichte von …
   a einer deutschen Stadt.
   b einem Fluss in Berlin.
   c einem Filmfestival.

3 Wo und wie möchtest du später leben? Lies das Gespräch und ergänze die Sätze. | 12

Land – Meinung – Ernst – Vorteile – Mülleimer – verschmutzt

- Svenja, wo möchtest du später mal leben?
- Ich möchte gern hier in der Stadt leben!
- Echt? Ist das dein ________________ [1]? Die Luft ist total ________________ [2] und es gibt überall Müll, aber viel zu wenige ________________ [3].
- Ich bin nicht deiner ________________ [4]! Das Leben in der Stadt hat viele ________________ [5]. Es ist auch viel interessanter als auf dem ________________ [6]. Hier gibt es Kinos, Discos, Theater und Restaurants.

retten - Großstadt - spart - Recycling - gefährlich - Urwald

- Und du, Leo? Wo möchtest du denn gern mal leben?
- Ich möchte gern im ________________ [7] leben.
- Aha! Hast du keine Angst? Da ist es doch total ________________ [8] mit den vielen wilden Tieren.
- Ach nein, die ________________ [9] ist viel gefährlicher. Hier passieren jeden Tag so viele Autounfälle!

- Und warum möchtest du dort leben?
- Ich möchte dort gern im Umweltschutz arbeiten und die Natur ________________ [10].
- Das ist eine schöne Idee! Aber man kann die Natur auch hier schützen, zum Beispiel, wenn man Strom ________________ [11] oder durch ________________ [12].

4 Alle wollen etwas, aber keiner tut etwas: Dein Freund Raul hat dir auf Facebook geschrieben.

| 9

Hey Alex,
ich habe gehört, dass in Deutschland der Umweltschutz sehr wichtig ist. Ich möchte auch gern mehr für die Umwelt machen. Was kann ich tun? Hast du vielleicht Ratschläge zum Umweltschutz für mich?
Viele liebe Grüße aus Ecuador
Dein Raul

Antworte Raul. Schreibe ca. 25 Wörter:

- Schreibe 1–2 Ratschläge: Was kann Raul für den Umweltschutz tun?
- Erzähle: Was machst du für die Umwelt?
- Frage Raul über den Umweltschutz in seinem Land.

Alex

Reisen am Rhein

Name Klasse Datum

Punkte | 30

1 Reisepläne: Lies die Anzeige und die Antwort. Kreuze an: richtig oder falsch? | 6

Kleinanzeigen Suchen ⇨ Startseite

Liebe Fahrradfreunde,
wir sind zwei Schülerinnen aus Frankreich. Wir wollen in den Sommerferien eine Fahrradtour durch Deutschland machen und suchen Mitfahrer aus Deutschland. Wer kann uns das Land zeigen und bei der Sprache helfen? Wir wollen bei Koblenz am Rhein starten und bis ans Meer fahren. Wir wollen die Natur sehen und im Zelt übernachten. Wir möchten aber auch die großen Städte am Rhein besuchen. Habt ihr Lust? Dann meldet euch.
Viele Grüße
Amelie & Eve

Neue Mail ⇨ Senden

Liebe Amelie, liebe Eve,
ich heiße Sara und komme aus Koblenz. Ich habe eure Anzeige gelesen und finde eure Idee super. Eine Fahrradtour am Rhein ist mein Traum! Ich kann euch die Städte in der Region zeigen. Wir können nach Köln und Mannheim fahren. Da habe ich viele Freunde. Ich finde aber nicht gut, dass wir im Zelt schlafen. Das ist gefährlich. Ich möchte lieber in Jugendherbergen übernachten. Das ist gar nicht teuer!
Liebe Grüße
Sara

	richtig	falsch
1. Amelie, Eve und Sara sind drei Freundinnen.	☐	☐
2. Amelie und Eve suchen Mitfahrer, weil sie kein Französisch sprechen.	☐	☐
3. Amelie und Eve möchten mit dem Fahrrad von Frankreich nach Koblenz fahren.	☐	☐
4. Amelie und Eve wollen in der Natur sein und auch Städte sehen.	☐	☐
5. Sara möchte mit Amelie und Eve Freunde besuchen.	☐	☐
6. Sara möchte im Zelt schlafen, weil die Jugendherbergen zu teuer sind.	☐	☐

2 Wohin fahren wir? Ergänze die Präpositionen. | 4

gegen – nach – durch – um

Nächstes Jahr möchte ich unbedingt einen besonderen Urlaub machen. Ich möchte ____________ [1] den größten See der Welt herum laufen… Oder ____________ [2] Afrika fliegen… Oder ____________ [3] den Fluss Amazonas schwimmen! Ich weiß: Das ist gefährlich. Aber letztes Jahr waren wir hier und haben eine Städtetour am Rhein gemacht. Da sind wir mit dem Schiff ____________ [4] einen Felsen gefahren. Das war auch gefährlich!

3 Am Bahnhof: Lies den Text und ergänze die Wörter. | 12

- ■ Guten Tag. Ich möchte gern nach Graz verr _ _ _ _ _[1].
- ● Kein Pro _ _ _ _[2]! Einfach oder hin und zu _ _ _ _[3]?
- ■ Einfach.
- ● Mit dem I _ _[4]?
- ■ Ja, sehr gern. Mit dem RE dauert es sehr lange. Ich habe eine Bahnc _ _ _[5].
- ● Wollen Sie eine Fahrk _ _ _ _[6] für die erste oder die zweite Klasse?
- ■ Für die zweite Klasse.
- ● Gut... Ich kann Ihnen einen Platz rese _ _ _ _ _ _ _[7]. Wollen Sie lieber am Gang oder am Fe _ _ _ _ _[8] sitzen?
- ■ Lieber am Gang.
- ● In Ordnung. Dann habe ich jetzt Platz 47 am Gang für Sie gebucht. Abf _ _ _ _[9] ist um 9:45 Uhr in Berlin und Ank _ _ _ _[10] um 15:30 Uhr in Graz. Ich wünsche Ihnen eine angenehme Reise.
- ■ Danke schön... Und von welchem Gl _ _ _[11] fährt der Zug ab?
- ● Nr. 17.
- ■ Gut, das trage ich mir gleich in meinen Kal _ _ _ _ _[12] ein. Vielen Dank und auf Wiedersehen.
- ● Auf Wiedersehen.

4 Dativ oder Akkusativ: Ergänze die Sätze. | 8

am – in der – an die – auf das – in die – an den – an der – auf dem

das Matterhorn (Berg):

Dieses Jahr steige ich ____________[1] Matterhorn. Es ist sehr schön dort und es gibt ____________[2] Matterhorn immer Schnee!

die Donau (Fluss):

Ich bin in Budapest. Budapest liegt ____________[3] Donau. Morgen fahre ich mit dem Fahrrad ____________[4] Donau.

die Schweiz (Land):

Ich war noch nie ____________[5] Schweiz? Ich möchte nicht ____________[6] Schweiz. Ich mag die Berge nicht.

der Bodensee (See):

Ich freue mich, dass wir ____________[7] Bodensee fahren. Ich war noch nie ____________[8] Bodensee.

Wie war's in den Ferien? | Meine Pläne | Freundschaft | Bilder und Töne | Zusammenleben | Das gefällt mir | Mehr über mich

Name Klasse Datum

Punkte | 35

12 **1** Radiointerview: Lies zuerst die Sätze 1 bis 8. Hör das Interview und kreuze an: richtig oder falsch. Du hörst das Interview zweimal. | 8

	richtig	falsch
1. Jona gibt ein Radiointerview zum Thema „Fußball in Deutschland".	☐	☐
2. Jona macht Sport.	☐	☐
3. Sabrina fährt jedes Jahr nach Spanien zu ihrer Freundin.	☐	☐
4. Sabrina geht gerne zum Weihnachtsmarkt.	☐	☐
5. Lisa hat es in der Gastfamilie gut gefallen.	☐	☐
6. Lisa fährt zur Schule mit dem Auto.	☐	☐
7. An Roberts Schule gibt es verschiedene Umwelt-Projekte.	☐	☐
8. Für Robert ist die Umwelt nicht wichtig.	☐	☐

2 Tipps für den Sommer: Lies die Anzeigen und beantworte die Fragen. | 6

Anzeige 1

Städtetour am Rhein

Wir haben einen Tipp für den Sommer: Eine Städtetour am Rhein! Wir starten am 26.07. in der Natur und wandern zu den Rheinfällen von Schaffhausen.
Am nächsten Tag steht Freiburg auf dem Programm: Wir verbringen den ganzen Tag im Europa-Park Rust!
Tag drei beginnt mit der Stadtrundfahrt in Köln. Wir besichtigen die Sehenswürdigkeiten und die Fernsehstudios von RTL.
Am letzten Tag machen wir von Köln aus eine lange Schiffsreise zum Loreley-Felsen und besuchen die Burg Rheinfels in St. Goar.

Preis für 3 Übernachtungen in Jugendherbergen und alle Ausflüge: 450 €.

Mehr Informationen unter *www.rheintour.de*

Anzeige 2

Berliner Luft

Möchtest du mit einer internationalen Schülergruppe (ab 15 Jahre) nach Berlin fahren? Wir haben ein Top-Angebot für dich!
Der erste Tag beginnt mit einer Stadtrundfahrt. Nach dem Mittagessen gehen wir in den Bundestag.
Am zweiten Tag steht Berliner Geschichte auf dem Programm: das Holocaust-Denkmal und die „East Side Gallery".

Tag drei ist unser Sport-Tag: Wir machen eine Fahrradtour durch die Stadt zur Siegessäule. Am Abend haben wir Fußballkarten reserviert: Hertha BSC gegen Borussia Dortmund im Olympia-Stadion!
Am letzten Tag gehen wir vormittags auf den Alexanderplatz. Dort habt ihr Zeit zum Shoppen. Am Nachmittag geht es nach Hause.

Wollt ihr mehr wissen? Dann schreibt an *info@berlinjugendtour.de*!

1. **Was macht man bei dieser Rhein-Tour?**
   Man …
   a fährt mit dem Schiff zum Europa-Park.
   b macht einen Fernsehfilm über den Rhein.
   c besichtigt verschiedene Orte am Rhein.

2. **Wie lange dauert die Rhein-Tour?**
   Sie dauert …
   a 3 Tage.
   b 4 Tage.
   c 5 Tage.

3. **Was besucht die Gruppe in Köln?**
   Sie besucht …
   a den Loreley-Felsen.
   b viele Fernsehstudios.
   c die Burg Rheinfels.

4. **Für wen ist die Berlin-Tour interessant?**
   Für Schüler, die …
   a die „Berlinale" besuchen möchten.
   b zu den Olympischen Spielen wollen.
   c sich für Geschichte und Politik interessieren.

5. **Wohin fahren die Jugendlichen mit dem Fahrrad?**
   Sie fahren …
   a zum Bundestag.
   b zur Siegessäule.
   c zum Alexanderplatz.

6. **Was können die Schüler am Ende machen?**
   Sie können …
   a einkaufen.
   b Fußball spielen.
   c eine Stadtrundfahrt machen.

3 Im Ausland: Du machst ein Austauschjahr und eine Freundin schickt dir eine E-Mail.

| 9

Neue Mail ⇨ Senden

Hey Kim,

wie ist es im Ausland? Wie gefällt dir deine Gastfamilie?
Wir denken noch oft an deine tolle Abschiedsparty. 🙂
Wir vermissen dich alle sehr.

Bis bald!
Deine Sina

Antworte Sina. Schreibe ca. 25 Wörter:

- Erzähle: Wie ist es im Ausland? Magst du deine Gastfamilie?
- Bedanke dich für die Party.
- Frage nach euren Freunden Mina und Tom.

Neue Mail ⇨ Senden

4 Vorlagen für den Test der Fertigkeit Sprechen

| 12

Aufwärmen		Begrüßung; Wie geht es dir? Wie war deine Woche/dein Wochenende?
Hauptteil	Sport und Fitness	Machst du gerne Sport? Welchen Sport machst du in der Freizeit? Wie oft? Was ist deine Lieblingssportart? Wer ist dein Lieblingssportler/deine Lieblingssportlerin? Was macht er/sie? Was weißt du über ihn/sie?
	Feste	Feiert ihr Schulfeste? Was macht ihr da? (Erzähle.) Welche Feste feiert man in deinem Land? Wie feierst du es? Was machst du da? (Erzähle.) Kennst du deutsche Feste? Welche? Wie feiert man Weihnachten/Ostern … in Deutschland/in deinem Land? (Erzähle.)
	Städte und Reisen	Möchtest du nach Berlin?/Warst du schon in Berlin? Was weißt du über Sehenswürdigkeiten/die Geschichte von Berlin? Was kann man in Berlin unternehmen? Warst du schon am Rhein? Was weißt du über den Rhein? Kennst du Städte am Rhein? Was kann man da machen/sehen? Welche Sehenswürdigkeiten gibt es in deiner Stadt? Wo befindet sich das Theater/das Kino …? Wie komme ich von der Schule zu dir nach Hause?
	Welt, Umwelt und Wetter	Wo möchtest du gern Leben? Welche Vorteile/Nachteile hat das Leben in …? Wie ist das Wetter dort? Was machst du bei Regenwetter/Schnee/Sonnenschein? (Erzähle.) Was machst du für die Umwelt? (Erzähle.) Was können wir für den Umweltschutz tun? (Erzähle.)
	Rollenspiel	Wir spielen jetzt einen Dialog. Ich möchte eine Fahrkarte kaufen. Du arbeitest bei der Deutschen Bahn und verkaufst mir die Fahrkarte.
Abkühlen		Was machst du heute/am Wochenende? Verabschiedung

Karte für das Rollenspiel

Ich möchte eine Fahrkarte kaufen. Du arbeitest bei der Deutschen Bahn und verkaufst mir die Fahrkarte.

Wohin? Wann? Hin und zurück?

Welcher Platz? Reservierung? Ermäßigung – BahnCard?

Name Klasse Datum

Zeit: 105 Minuten Punkte | 100

LESEN (30 Minuten) | 20x(1,25=25)

Dieser Prüfungsteil hat vier Teile: Du **liest** eine E-Mail, Informationen und Artikel aus der Zeitung und dem Internet. Für jede Aufgabe gibt es nur **eine** richtige Lösung. Wörterbücher und Mobiltelefone sind **nicht** erlaubt.

Teil 1

Du liest in einer Zeitung diesen Text.
Wähle für die Aufgaben 1 bis 5 die richtige Lösung a, b oder c.

Viele Teilnehmer beim 10. Jugend-Musikwettbewerb

Erik Schneider, 11 Jahre

32 Kinder und Jugendliche haben am 10. Jugend-Musikwettbewerb der Albert-Schweitzer-Schule teilgenommen. Auf die Gewinner warten wieder tolle Preise.
Dieses Jahr waren die Teilnehmer und Teilnehmerinnen zwischen 6 und 20 Jahren alt. Das war etwas Neues, denn im letzten Jahr haben Kinder bis zum Alter von 12 Jahren nicht beim Wettbewerb mitgemacht.
Neu war auch, dass Schülerinnen und Schüler anderer Schulen, nicht nur der Albert-Schweitzer-Schule, dabei waren. Jeder Teilnehmer konnte 15 Minuten lang sein Instrument und seine Musik vorstellen. Eine aufregende Erfahrung für alle.
Die Hauptinstrumente waren wie im letzten Jahr: Gitarre und Klavier.
Bei den Jüngsten, in der Altersklasse bis 12 Jahren, hat Erik Schneider den Zuhörern besonders gut gefallen. Er hat erst vor einem Jahr mit dem Gitarre spielen angefangen und sich jetzt zum Wettbewerb angemeldet. „Ich höre gern Justin Bieber und wollte zeigen, wie man seine Lieder auf der Gitarre spielen kann. Das war wichtig für mich. Vielleicht bekomme ich ja einen Preis."
Wer die Preise bekommt, könnt ihr in zwei Wochen in der nächsten Ausgabe vom *Guckloch* lesen. Dann schreiben wir auch, wann die Gewinner ihre Preise bekommen und wo die Veranstaltung stattfindet. Ihr dürft gespannt sein.

(aus: Guckloch – Schülerzeitschrift der Albert-Schweitzer-Schule)

Beispiel

0. Beim Wettbewerb gibt es für …
   - [a] alle Teilnehmer einen Preis.
   - [X] die besten Teilnehmer einen Preis.
   - [c] 10 Teilnehmer einen Preis.

1. In diesem Jahr haben …
   - [a] weniger Kinder teilgenommen.
   - [b] auch Schüler von anderen Schulen mitgemacht.
   - [c] die Teilnehmer länger gespielt.

2. Alle Teilnehmer …
   - [a] durften eine Viertelstunde Musik machen.
   - [b] waren nervös.
   - [c] haben Klavier und Gitarre gespielt.

3. Erik Schneider …
   - [a] war der jüngste Teilnehmer.
   - [b] spielt noch nicht lange Gitarre.
   - [c] wollte am Anfang nicht mitmachen.

4. Erik denkt, dass …
   - [a] er einen Preis bekommt.
   - [b] Preise nicht so wichtig sind.
   - [c] er vielleicht einen Preis bekommt.

5. In vierzehn Tagen …
   - [a] gibt es eine Veranstaltung.
   - [b] kommt die nächste Schülerzeitung.
   - [c] bekommen die Teilnehmer und Teilnehmerinnen ihre Preise.

Teil 2

Du liest die Informationstafel in der Kinder- und Jugendbibliothek.

Lies die Aufgabe 6 bis 10 und den Text.
In welchen Stock gehst du?

Wähle die richtige Lösung a, b oder c.

Beispiel

0. Du interessierst dich für neue Musik.
   - [x] EG
   - b 2. Stock
   - c anderer Stock

6. Du interessierst dich für Fußball.
   - a 2. Stock
   - b 3. Stock
   - c anderer Stock

7. Du möchtest Texte am Computer schreiben lernen.
   - a EG
   - b 1. Stock
   - c anderer Stock

8. Du möchtest in der Bibliothek einen Film sehen.
   - a 2. Stock
   - b 3. Stock
   - c anderer Stock

9. Du möchtest deinen Eltern ein Buch mit Tipps für den Balkon schenken.
   - a 1. Stock
   - b 3. Stock
   - c anderer Stock

10. Du suchst für deinen Austauschpartner aus England englische Romane.
   - a 2. Stock
   - b 3. Stock
   - c anderer Stock

KINDER- UND JUGENDBLIBLIOTHEK MITTE

WAS IST WO?

Erdgeschoss	Medien, Filme, aktuelle CDs, DVDs, CD-ROMs Computerarbeitsplätze, Internetzugang, kostenloses W-LAN
1. Stock	Jugendromane, Kinderbücher, Erzählende Literatur Bücher zum Lesen lernen Alles für die Schule Unterrichtshilfen Schulbücher - Deutsch - Fremdsprachen - Naturwissenschaften, Biologie - Geschichte, Politik
2. Stock	Bilderbücher und Comics Zeitschriften und Zeitungen Spiele, Computerspiele Märchenraum Veranstaltungsräume Vorlesenachmittage Autorenlesungen Kinderkino Ausstellungen
3. Stock	Sach- und Fachbücher Geschichte, Politik und Gesellschaft, Medizin, Gesundheit und Sport, Naturwissenschaften Alles für Haus und Garten Technik Computerbücher Wie funktioniert das? - Kleine Reparaturen - Fotografieren, Filme selber machen und vieles mehr Fremdsprachige Literatur

Teil 3

Du liest eine E-Mail.
Wähle für die Aufgaben 11 bis 15 die richtige Lösung a, b oder c.

Neue Mail ⇨ Senden

Hallo Stefan,

was gibt es Neues in Berlin? Tut mir leid, dass ich so lange nicht mehr geschrieben habe, aber ich hatte sehr viel Stress. Wir mussten in der Klasse ein Betriebspraktikum machen, mussten Plätze suchen und uns bewerben. Weil mich Computer interessieren, habe ich mich bei einer IT-Firma beworben. Ich dachte, so ein Praktikum kann mir helfen, wenn ich wieder Probleme am PC habe. Vielleicht bekomme ich Tipps, wie ich ihn dann selbst reparieren kann.

Ja, und dann war ich in der Firma und es war super. Der Anfang war schwer, ich hatte doch nicht so viel Ahnung wie ich dachte, aber mein Chef war sehr nett und er hat mir nur einfache Aufgaben am PC gegeben.

Ich war mit ihm auch bei Kundenbesuchen und er hat mir gezeigt, wie man ein Betriebssystem installiert, wie man Fehler findet, wenn das Internet nicht funktioniert. Und wie man mit Kunden spricht, wenn sie sich wieder mal beschweren.

Für mich war das Praktikum sehr interessant, weil ich gelernt habe, wie man Webseiten macht und das auch meinen Eltern an ihrem neuen PC zeigen kann. Ich mache dann bald meine eigene Webseite und freue mich schon darauf. Leider muss ich jetzt für die Schule noch einen Bericht über das Praktikum schreiben.

Du hast dein Praktikum doch schon gemacht? Kannst du mir beim Bericht helfen? Was ist hier wichtig? Vielleicht kann ich dich auch bald besuchen, meine Eltern fahren bald nach Berlin und da könnte ich mitkommen.

Bis bald,
Julia

11. Warum entschuldigt sich Julia, dass sie nicht früher schreiben konnte?
   - a Julia war krank.
   - b Julia hatte andere Sachen zu tun.
   - c Julias Computer war kaputt.

12. Was war ihr Problem am Anfang?
   - a Ihr Chef hat die meiste Arbeit allein gemacht.
   - b Die Arbeit war zu leicht.
   - c Sie hat gedacht, dass sie mehr von Computern weiß.

13. Welche Erfahrungen hat sie bei Kundenbesuchen gemacht?
   - a Sie hatte Probleme mit dem Internet.
   - b Sie konnte viel Neues lernen.
   - c Die Kunden waren mit ihrer Arbeit nicht zufrieden.

14. Ihr gefällt, dass …
   - a sie einen Bericht schreiben muss.
   - b sie nach dem Praktikum einen neuen Computer bekommt.
   - c ihre Eltern etwas von ihr lernen können.

15. Was wünscht Julia sich von Stefan?
   Stefan soll …
   - a den Bericht für sie schreiben.
   - b Tipps geben.
   - c sie besuchen.

Teil 4

**Sechs Jugendliche suchen auf der Webseite der *Jungen VHS* einen Kurs.
Lies die Aufgaben 16 bis 20 und die Anzeigen a bis f.
Welche Anzeige passt zu welcher Person?
Die Anzeige zu dem Beispiel kannst du nicht mehr wählen.
Für eine Aufgabe gibt es keine Lösung. Markiere so: x.**

Beispiel:

0. Fabian möchte Gitarre spielen lernen. [b]
16. Erik möchte lernen, wie man Radio macht. [ ]
17. Timo interessiert sich für Computerspiele. [ ]
18. Laura möchte lernen, wie man Texte am PC schreibt. [ ]
19. Niko will Englisch einmal anders lernen. [ ]
20. Marcel möchte moderne Tänze lernen. [ ]

a

Pop / Rock / HipHop – Lieder schreiben und damit ins Radio
Kannst du schon gut Gitarre spielen? Und hast du eine super Idee für einen Song oder einen Text? Hier lernst du, wie man einen Song schreibt. Wir nehmen deine Musik am PC auf und mit etwas Glück kann man dich dann im Radio hören.

b

Musik machen ist nicht schwer
Hast du immer schon Lust gehabt, deine Lieblingssongs nachzuspielen? Hier lernst du die Grundlagen des Gitarrespielens: Griffe, Akkorde und auch etwas Theorie. Es ist nicht schlimm, wenn du überhaupt noch keine Erfahrungen hast. Bring bitte deine Gitarre mit.

c

Auf ins Radio
Ihr sucht aktuelle und interessante Themen, lernt, wie man ein Interview oder ein Hörspiel macht. Und Samstagmittags stellt ihr dann euer Programm auf Radio Pop FM vor. Schwer? Nicht, wenn eine Radiojournalistin von Pop FM euch zeigt, wie es geht.

d

HipHop und Streetdance
Tanzen, wie ihr es aus Musikvideos kennt. Hip Hop, Streetstyle oder Breakdance. Tolle Musik, coole Schritte, ihr lernt alle Figuren, die ihr für eure nächste Party braucht. Und es macht Spaß. Bitte Turnschuhe und bequeme Kleidung mitbringen.

e

Hausaufgaben am PC
Viele von euch benutzen den Computer nur für Computerspiele. Wie kann man aber den Alltag in der Schule damit einfacher machen? Wenn ihr eure Hausaufgaben mit WORD und dem Internet macht, sieht alles viel besser aus. Wie das geht, lernt ihr in diesem Kurs.

f

Sprachen lernen im Tanz
Langsam laufen, schnell gehen, tanzen... Mit Musik und Tanz kann man Sprachen lernen. Die Wörter lernt man besser, wenn man sich bewegt. Professionelle Tänzer und Sprachlehrer geben euch Beispiele in Englisch und Französisch.

HÖREN (30 Minuten)

| 20 x (1,25 = 25)

Dieser Prüfungsteil hat vier Teile.
Lies zuerst die Aufgaben. **Höre** dann den Text dazu. Für jede Aufgabe gibt es nur **eine** richtige Lösung. Wörterbücher und Mobiltelefone sind **nicht** erlaubt.

Teil 1

13 Du hörst fünf kurze Texte. Du hörst jeden Text zweimal.
Wähle für die Aufgaben 1 bis 5 die richtige Lösung a, b oder c.

1. Wann soll Alexandra am Kino sein?
   a Um 16 Uhr.
   b Um 15.30 Uhr.
   c Kurz vor 16 Uhr.

2. Wie kann man 50 Euro gewinnen?
   Man muss …
   a am Wochenende Radio Pop FM hören.
   b eine E-Mail schreiben.
   c am Telefon seinen Musikwunsch sagen.

3. Wo wollen sich die Freunde treffen?
   Sie treffen sich ...
   a im Schwimmbad.
   b zu Hause.
   c beim Sport.

4. Wer soll ins Sekretariat kommen?
   Ins Sekretariat sollen ...
   a alle Schüler aus der Klasse von Frau Groß.
   b alle Schüler, die sich für das Sportfest angemeldet haben.
   c alle Schüler, die beim Sportfest mitmachen wollen.

5. Was soll Nadja mitbringen?
   Sie soll …
   a alte Musik mitbringen.
   b alte Kleider mitbringen.
   c alte Fotos mitbringen.

Teil 2

14 Du hörst ein Gespräch. Du hörst den Text einmal.
Was haben die Leute am Sonntag gemacht?

Wähle für die Aufgaben 6 bis 10 ein passendes Bild aus a bis i.
Wähle jeden Buchstaben nur einmal. Sieh dir jetzt die Bilder an.

	0.	6.	7.	8.	9.	10.
Person	Alina	Theo	Jana	Lena	Ali	Diana
Lösung	b					

a

b

c

d

e

f

g

h

i

Teil 3

15 **Du hörst fünf kurze Gespräche. Du hörst jeden Text einmal.
Wähle für die Aufgaben 11 bis 15 die richtige Lösung a, b oder c.**

11. Welches Fach gefällt Laura am besten?

a

b

c

12. Was hat der Junge heute Mittag gegessen?

a

b

c

13. Was machen die Freundinnen am Sonntag?

a

b
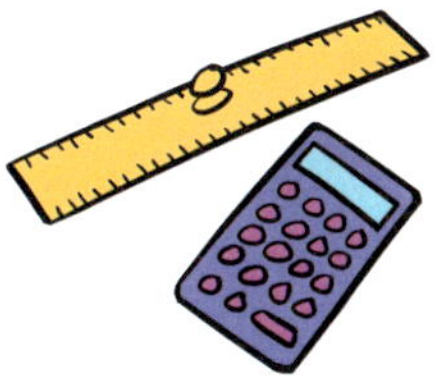

c

14. Wie kommt Roberto heute zum Sport?

a

b

c

15. Was ist im ersten Stock?

a

b

c

Teil 4

16 **Du hörst ein Interview. Du hörst den Text zweimal.**
Wähle für die Aufgaben 16 bis 20 ja oder nein.

Beispiel:

0. Die Lehrerin wollte den Kindern Kunst zeigen.

   ~~ja~~ ✗ nein

16. Die Schüler haben Frankfurt zu Fuß besichtigt.

   ja nein

17. Samira war schon oft in Frankfurt.

   ja nein

18. Samira hat sich eine App gekauft.

   ja nein

19. Alle Schüler haben zusammen eingekauft.

   ja nein

20. Samira möchte Frankfurt noch einmal besuchen.

   ja nein

SCHREIBEN (30 Minuten)

| 20 x (1,25 = 25)

Dieser Prüfungsteil hat zwei Teile.
Du schreibst eine SMS und eine E-Mail. Wörterbücher und Mobiltelefone sind **nicht** erlaubt.

Teil 1

Du wolltest mit deiner Freundin ins Schwimmbad gehen, musst aber Hausaufgaben machen. Schreib an deine Freundin Katharina eine SMS.

- Sag, dass du nicht kommen kannst.
- Schreib, warum.
- Schlag eine neuen Termin vor.

Schreib 20–30 Wörter.
Schreib zu allen drei Punkten.

Teil 2

Du kannst am Montag nicht in den Deutschunterricht kommen. Schreib eine E-Mail an deine Deutschlehrerin, Frau Lippmann.

- Entschuldige dich, dass du nicht kommen kannst.
- Schreib, warum.
- Bitte sie um die Hausaufgaben für Dienstag.

Schreib 30–40 Wörter.
Schreib zu allen drei Punkten.

Neue Mail ⇨ **Senden**

SPRECHEN (ca. 15 Minuten für zwei Teilnehmer/innen)

| 25

Dieser Prüfungsteil hat drei Teile.

Teil 1

Du bekommst vier Karten und stellst mit diesen Karten vier Fragen.
Dein Partner/deine Partnerin antwortet.

GOETHE-ZERTIFIKAT A2 Fit — Sprechen Teil 1

Fragen zur Person

Ferien?

GOETHE-ZERTIFIKAT A2 Fit — Sprechen Teil 1

Fragen zur Person

Lieblingsessen?

GOETHE-ZERTIFIKAT A2 Fit — Sprechen Teil 1

Fragen zur Person

Berufswunsch?

GOETHE-ZERTIFIKAT A2 Fit — Sprechen Teil 1

Fragen zur Person

Schule?

Teil 2

Du bekommst eine Karte und erzählst etwas über dein Leben.

Prüfungsteilnehmer/-in A

GOETHE-ZERTIFIKAT A2 Fit — Sprechen Teil 2

von sich erzählen

Was machst du gern in deiner Freizeit?

- Freunde besuchen?
- lesen?
- Rad fahren?
- andere Aktivitäten?

Prüfungsteilnehmer/-in B

GOETHE-ZERTIFIKAT A2 Fit — Sprechen Teil 2

von sich erzählen

Was bedeutet das Internet für dich?

- Wichtig?
- Wie lange täglich?
- Einkaufen?
- Lernen?

Teil 3

Aufgabenblatt A

Ihr wollt zusammen einen Fahrradausflug machen. Findet einen Termin.

	vormittags	nachmittags	abends
MO	Schule	Basketball	
DI	Schule	Lernen für die Mathe-Arbeit	früh ins Bett gehen
MI	Schule		vielleicht Kino mit Stefan?
DO	Schule	Schwimmkurs	
FR	Schule		
SA	lange schlafen	einkaufen	
SO	lange schlafen		Hausaufgaben (!)

Teil 3

Aufgabenblatt B

Ihr wollt zusammen einen Fahrradausflug machen. Findet einen Termin.

	vormittags	nachmittags	abends
MO	Schule		fernsehen
DI	Schule	Theater-AG	
MI	Schule nur bis 11 Uhr		
DO	Schule	Geschenk für Tante kaufen	Zimmer saubermachen
FR	Schule	Tante zu Besuch	Abendessen
SA	einkaufen		
SO			Kino

Lernabschnittstest 1 Wie wars's in den Ferien?

Testteil	Testaufgabe	Was wird getestet?	Aufgabenformat
Wortschatz	1	Rezeptiv (Ferien und Wetter): vermute, wunderbar, Abenteuer, Gipfel, Wetter, überhaupt, geregnet, Gewitter, los, aufgeblieben, Bahn, einpacken	Lückentext
Grammatik	2	Produktiv: Artikel im Dativ *meinen/meiner, einem, unseren, euren*	Ergänzung
	3	Produktiv: Partizipienbildung Verben *besuchen, machen, fotografieren, mitnehmen, tanzen, zurückgehen*	Umformung
Lesen	4	Selektives und detailliertes Leseverständnis (Ferien und Wetter)	Zuordnung

Lernabschnittstest 2 Meine Pläne

Testteil	Testaufgabe	Was wird getestet?	Aufgabenformat
Hören	1	Selektives, detailliertes und globales Hörverständnis (Berufe)	Zuordnung
Grammatik	2	Rezeptiv: Eingeleitete Nebensätze mit *dass, weil*	Zuordnung
	4	Produktiv: Modalverben im Präsens und Präteritum: *wollen, können, müssen*	Ergänzung
Wortschatz	3	Rezeptiv (Berufe, Pläne, Gefühle): *stattgefunden, Verein, Plan, Star, Ausland, joggen, nervös, getröstet, entscheidend, aufgibst, verbessern, glücklich*	Lückentext

Lernfortschrittstest 1–3 Wie war's in den Ferien? | Meine Pläne | Freundschaft

Testteil	Test-aufgabe	Aufgaben-format	Was wird getestet?	Ein-heit	Kann-Beschreibung
Hören	1	Richtig/ Falsch	Selektives, detailliertes und globales Hörverständnis (Ferien und Wetter)	1	Kann kurzen, langsam und deutlich gesprochenen Tonaufnahmen über vorhersehbare alltägliche Dinge die wesentliche Information entnehmen. Kann im Allgemeinen das Thema von Gesprächen, die in seiner/ihrer Gegenwart geführt werden, erkennen, wenn langsam und deutlich gesprochen wird.
Wort-schatz	2	Lückentext	Rezeptiv (Freunde): *genauso, alles, in, total, interessanter, unbedingt, hilft, erklären, fleißig, nehme*	3	Verfügt über genügend Wortschatz, um elementaren Kommunikationsbedürfnissen gerecht werden zu können.
Lesen	3	Multiple-Choice (3 Antwortmöglichkeiten)	Selektives, detailliertes und globales Leseverständnis (Praktikum)	2	Kann kurze, einfache Texte zu vertrauten konkreten Themen verstehen, in denen gängige alltags- oder berufsbezogene Sprache verwendet wird. Kann aus einfacheren schriftlichen Materialien wie Briefen, Broschüren oder Zeitungsartikeln, in denen Ereignisse beschrieben werden, spezifische Informationen herausfinden.

Schreiben	4	SMS	Gelenktes Schreiben (eine SMS zum Thema *Freunde* beantworten)	3	Kann eine Reihe einfacher Wendungen und Sätze schreiben und mit Konnektoren wie 'und', 'aber' oder 'weil' verbinden. Kann in einer Reihe einfacher Sätze über die eigene Familie, die Lebensumstände, den Bildungshintergrund oder die momentane oder vorige berufliche Tätigkeit schreiben.
Sprechen	5	Interview Rollenspiel	Spontanes Sprechen (Ferien, Pläne, Schulfächer, Freundschaft, Bewerbungsgespräch)	1–3	Kann eine einfache Beschreibung von Menschen, Lebens- oder Arbeitsbedingungen, Alltagsroutinen, Vorlieben oder Abneigungen usw. geben, und zwar in kurzen listenhaften Abfolgen aus einfachen Wendungen und Sätzen. Kann etwas erzählen oder in Form einer einfachen Aufzählung berichten. Kann sich in einfachen, routinemäßigen Situationen verständigen, in denen es um einen unkomplizierten und direkten Austausch von Informationen über vertraute Routineangelegenheiten in Zusammenhang mit Arbeit und Freizeit geht. Kann fragen, was jemand bei der Arbeit und in der Freizeit macht, und kann entsprechende Fragen anderer beantworten.

Lernabschnittstest 4 Bilder und Töne

Testteil	Testaufgabe	Was wird getestet?	Aufgabenformat
Lesen	1	Selektives, detailliertes und globales Leseverständnis (Freunde und Computerspiele)	Multiple-Choice (3 Antwortmöglichkeiten)
Wortschatz	2	Rezeptiv (Technik und Medien): *Fernsehsender, Wetterbericht, anmachen, Radio*	Lückentext
	3	Produktiv (Computer und Internet): *checken, öffnen, schließen, starten, senden, hochladen, herunterladen, Information, Referat, recherchieren, benutzen*	Ergänzung
Grammatik	4	Rezeptiv: Sätze mit *wenn... (dann), dass*	Zuordnung
	5	Produktiv: Konjugation Verb *dürfen*	Umformung

Lernfortschrittstest 4–5 Bilder und Töne | Zusammenleben

Testteil	Testaufgabe	Aufgabenformat	Was wird getestet?	Einheit	Kann-Beschreibung
Hören	1	Multiple-Choice (3 Antwortmöglichkeiten)	Selektives, detailliertes und globales Hörverständnis (Schultag und technische Geräte)	4,5	Kann Wendungen und Wörter verstehen, wenn es um Dinge von ganz unmittelbarer Bedeutung geht (z. B. ganz grundlegende Informationen zu Person, Familie, Einkaufen, Arbeit, nähere Umgebung) sofern deutlich und langsam gesprochen wird. Kann kurzen, langsam und deutlich gesprochenen Tonaufnahmen über vorhersehbare alltägliche Dinge die wesentliche Information entnehmen.

Lesen	2	Multiple-Choice (3 Antwortmöglichkeiten)	Selektives, detailliertes und globales Leseverständnis (Zusammenleben)	4,5	Kann kurze, einfache Texte zu vertrauten konkreten Themen verstehen, in denen gängige alltags- oder berufsbezogene Sprache verwendet wird. Kann kurze, einfache Texte lesen und verstehen, die einen sehr frequenten Wortschatz und einen gewissen Anteil international bekannter Wörter enthalten.
Wortschatz	3	Ergänzung	Produktiv (Schule): *Gymnasium, Abitur, Internat, selbstständig, zusätzlich, Austausch*	5	Verfügt über einen ausreichenden Wortschatz, um in vertrauten Situationen und in Bezug auf vertraute Themen routinemäßige alltägliche Angelegenheiten zu erledigen. Verfügt über genügend Wortschatz, um elementaren Kommunikationsbedürfnissen gerecht werden zu können.
	4	Zuordnung	Rezeptiv (Gefühle): *sich kennen, Kompromisse finden, sich beeilen, sich wohl fühlen, sich ärgern, sich beruhigen, sich wie zu Hause fühlen, sich freuen*	5	
Schreiben	5	Chat-Nachricht	Gelenktes Schreiben (eine Chat-Nachricht zum Thema *Streit, Kompromisse und Regeln beantworten)*	5	Kann eine Reihe einfacher Wendungen und Sätze schreiben und mit Konnektoren wie ‚und', ‚aber' oder ‚weil' verbinden. Kann eine sehr kurze, elementare Beschreibung von Ereignissen, vergangenen Handlungen und persönlichen Erfahrungen verfassen. Kann kurze, einfache Notizen und Mitteilungen schreiben, die sich auf unmittelbare Bedürfnisse beziehen.

Lernabschnittstest 6 Das gefällt mir

Testteil	Testaufgabe	Was wird getestet?	Aufgabenformat
Hören	1	Selektives, detailliertes und globales Hörverständnis (Jugendliche und Mode)	Multiple-Choice (3 Antwortmöglichkeiten)
Wortschatz	2	Rezeptiv (Personenbeschreibung, Geld ausgeben): *Typ, Moped, Führerschein, Sportwagen, Nebenjob, Bezahlung*	Lückentext
	3	Produktiv (Mode): *Bluse, altmodisch, kariert, schick, modisch, ausgeben, kompliziert, stehen, passen*	Ergänzung
Grammatik	4	Produktiv: Adjektivendungen im Nominativ	Ergänzung
	5	Produktiv: Dativpronomen *dir, ihr, Ihnen, mir*	Umformung

Lernabschlusstest 1–7 Wie war's in den Ferien? | Meine Pläne | Freundschaft | Bilder und Töne | Zusammenleben | Das gefällt mir | Mehr über dich

Testteil	Test-aufgabe	Aufgaben-format	Was wird getestet?	Ein-heit	Kann-Beschreibung
Hören	1	Multiple-Choice (3 Antwortmöglichkeiten)	Selektives, detailliertes und globales Hörverständnis (Ferien)	1,7	Kann kurzen, langsam und deutlich gesprochenen Tonaufnahmen über vorhersehbare alltägliche Dinge die wesentliche Information entnehmen. Kann Wendungen und Wörter verstehen, wenn es um Dinge von ganz unmittelbarer Bedeutung geht (z. B. ganz grundlegende Informationen zu Person, Familie, Einkaufen, Arbeit, nähere Umgebung) sofern deutlich und langsam gesprochen wird.
	2	Richtig/ Falsch	Selektives und detailliertes Hörverständnis (Mehr über mich)	7	
Lesen	3	Multiple-Choice (3 Antwortmöglichkeiten)	Selektives, detailliertes und globales Leseverständnis (Ferien, Pläne, Freundschaft)	1–3	Kann kurze, einfache persönliche Briefe verstehen. Kann aus einfacheren schriftlichen Materialien wie Briefen, Broschüren oder Zeitungsartikeln, in denen Ereignisse beschrieben werden, spezifische Informationen herausfinden.
Schreiben	4	E-Mail	Gelenktes Schreiben (eine E-Mail zum Thema *Einkaufen* beantworten)	6	Kann in Form verbundener Sätze etwas über alltägliche Aspekte des eigenen Umfelds schreiben, wie z. B. über Menschen, Orte, einen Job oder Studienerfahrungen. Kann eine sehr kurze, elementare Beschreibung von Ereignissen, vergangenen Handlungen und persönlichen Erfahrungen verfassen.
Sprechen	5	Interview Rollenspiel	Spontanes Sprechen (Meine Pläne, Bilder und Töne, Freundschaft, Das gefällt mir, Zusammenleben)	2–6	Kann eine einfache Beschreibung von Menschen, Lebens- oder Arbeitsbedingungen, Alltagsroutinen, Vorlieben oder Abneigungen usw. geben, und zwar in kurzen listenhaften Abfolgen aus einfachen Wendungen und Sätzen. Kann etwas erzählen oder in Form einer einfachen Aufzählung berichten. Kann über Aspekte des eigenen alltäglichen Lebensbereichs berichten, z. B. über Leute, Orte, Erfahrungen in Beruf oder Ausbildung. Kann sich relativ leicht in strukturierten Situationen und kurzen Gesprächen verständigen, sofern die Gesprächspartner, falls nötig, helfen. Kann ohne übermäßige Mühe in einfachen Routinegesprächen zurechtkommen; kann Fragen stellen und beantworten und in vorhersehbaren Alltagssituationen Gedanken und Informationen zu vertrauten Themen austauschen.

Lernabschnittstest 8 Fitness und Sport

Testteil	Testaufgabe	Was wird getestet?	Aufgabenformat
Hören	1	Selektives, detailliertes und globales Hörverständnis (Sportaktivitäten)	Multiple-Choice (3 Antwortmöglichkeiten)
Wortschatz	2	Rezeptiv (Bundesjugendspiele): *Sportplatz, Urkunde, Rekord, werfen, Turnhalle*	Lückentext
	3	Produktiv (Sportunfall): *Halle, spielen, Mannschaft, gewinnen, Luft, springen, hoch, Schmerzen, Krankenhaus, gebrochen*	Ergänzung
Grammatik	4	Rezeptiv: Komparativ und Superlativ	Umformung

Lernabschnittstest 9 Unsere Feste

Testteil	Testaufgabe	Was wird getestet?	Aufgabenformat
Lesen	1	Selektives, detailliertes und globales Leseverständnis (Feste)	Multiple-Choice (3 Antwortmöglichkeiten)
Wortschatz	2	Rezeptiv (indirekte Fragesätze einleiten): *wie viele, wie, wann, ob, wo*	Lückentext
	4	Rezeptiv (Feste): *Karussell, Osterfest, Hochzeitsfest, Weihnachtsfest, Geburtstagskuchen*	Zuordnung
	5	Produktiv (Schulfeier): *verkleidet, präsentieren, Süßigkeiten, Musiker, Höhepunkt, Eintritt, Zuschauer*	Ergänzung
Grammatik	3	Produktiv: Verb *wissen*	Umformung

Lernfortschrittstest Einheiten 8–10 Fitness und Sport | Unsere Feste | Austausch

Testteil	Testaufgabe	Aufgabenformat	Was wird getestet?	Einheit	Kann-Beschreibung
Hören	1	Multiple-Choice (3 Antwortmöglichkeiten)	Selektives, detailliertes und globales Hörverständnis (Unsere Feste)	9	Kann kurzen, langsam und deutlich gesprochenen Tonaufnahmen über vorhersehbare alltägliche Dinge die wesentliche Information entnehmen. Kann im Allgemeinen das Thema von Gesprächen, die in seiner/ihrer Gegenwart geführt werden, erkennen, wenn langsam und deutlich gesprochen wird.
Lesen	2	Multiple-Choice (3 Antwortmöglichkeiten)	Selektives, detailliertes und globales Leseverständnis (Fitness und Sport)	8	Kann aus einfacheren schriftlichen Materialien wie Briefen, Broschüren oder Zeitungsartikeln, in denen Ereignisse beschrieben werden, spezifische Informationen herausfinden. Kann kurze, einfache Texte zu vertrauten konkreten Themen verstehen, in denen gängige alltags- oder berufsbezogene Sprache verwendet wird.

Wort-schatz	3	Ergänzung	Produktiv (Austausch): *wunderschön, stellen, hängen, furchtbar, komisch, Heimweh, Land, Angst, Gastfamilie, Erfahrung, Schulweg, Verkehr*	10	Beherrscht einen begrenzten Wortschatz in Zusammenhang mit konkreten Alltagsbedürfnissen. Verfügt über einen ausreichenden Wortschatz, um in vertrauten Situationen und in Bezug auf vertraute Themen routinemäßige alltägliche Angelegenheiten zu erledigen.
Schreiben	4	SMS	Gelenktes Schreiben (eine SMS zum Thema *Bundesjugendspiele* beantworten)	8	Kann eine Reihe einfacher Wendungen und Sätze schreiben und mit Konnektoren wie 'und', 'aber' oder 'weil' verbinden. Kann in Form verbundener Sätze etwas über alltägliche Aspekte des eigenen Umfelds schreiben, wie z. B. über Menschen, Orte, einen Job oder Studienerfahrungen.
Sprechen	5	Interview Rollenspiel	Spontanes Sprechen (Sport und Fitness, Auf dem Stadtfest, Feste, Austausch, Mein Zimmer)	8–10	Kann kurz und einfach über ein Ereignis oder eine Tätigkeit berichten. Kann Vorschläge machen und auf Vorschläge reagieren. Kann ohne übermäßige Mühe in einfachen Routinegesprächen zurechtkommen; kann Fragen stellen und beantworten und in vorhersehbaren Alltagssituationen Gedanken und Informationen zu vertrauten Themen austauschen.

Lernabschnittstest 11 Berliner Luft

Testteil	Testaufgabe	Was wird getestet?	Aufgabenformat
Hören	1	Selektives, detailliertes und globales Hörverständnis (Wegbeschreibung, In der Stadt)	Multiple-Choice (3 Antwortmöglichkeiten)
Wortschatz	2	Produktiv (höfliche Fragen und Bitten): *können, hätten, gern, Entschuldigung, möchten, bitte*	Ergänzung
	3	Rezeptiv (Klassenfahrt): *riesig, Stadtrundfahrt, behalten, geteilt, Besucher, über, Führung, Bundestag, Abgeordnete, Sehenswürdigkeiten, spontan, Kaufhaus*	Lückentext
Grammatik	4	Rezeptiv: Lokalpräpositionen im Dativ und Akkusativ mit und ohne Artikel *nach, zu, in, über, durch*	Lückentext

Lernfortschrittstest Einheiten 11–12 Berliner Luft | Welt und Umwelt

Testteil	Testaufgabe	Aufgabenformat	Was wird getestet?	Einheit	Kann-Beschreibung
Hören	1	Zuordnung	Selektives und detailliertes Hörverständnis (Wetterbericht)	12	Kann kurzen, langsam und deutlich gesprochenen Tonaufnahmen über vorhersehbare alltägliche Dinge die wesentliche Information entnehmen.
Lesen	2	Multiple-Choice (3 Antwortmöglichkeiten)	Selektives, detailliertes und globales Leseverständnis (Berliner Geschichte)	11	Kann kurze, einfache Texte zu vertrauten konkreten Themen verstehen, in denen gängige alltags- oder berufsbezogene Sprache verwendet wird. Kann aus einfacheren schriftlichen Materialien wie Briefen, Broschüren oder Zeitungsartikeln, in denen Ereignisse beschrieben werden, spezifische Informationen herausfinden.
Wortschatz	3	Lückentext	Rezeptiv (Welt, Umwelt): *Ernst, verschmutzt, Mülleimer, Meinung, Vorteile, Land, Urwald, gefährlich, Großstadt, retten, spart, Recycling*	12	Verfügt über einen ausreichenden Wortschatz, um in vertrauten Situationen und in Bezug auf vertraute Themen routinemäßige alltägliche Angelegenheiten zu erledigen.
Schreiben	4	Chat-Nachricht	Gelenktes Schreiben (eine Chat-Nachricht zum Thema *Umweltschutz* beantworten)	12	Kann eine Reihe einfacher Wendungen und Sätze schreiben und mit Konnektoren wie ‚und', ‚aber' oder ‚weil' verbinden. Kann eine sehr kurze, elementare Beschreibung von Ereignissen, vergangenen Handlungen und persönlichen Erfahrungen verfassen.

Lernabschnittstest 13 Reisen am Rhein

Testteil	Testaufgabe	Was wird getestet?	Aufgabenformat
Lesen	1	Selektives, detailliertes und globales Leseverständnis (Anzeige Reiseplanung)	Richtig-Falsch
Wortschatz	2	Rezeptiv (Lokalpräpositionen): *um, nach, durch, gegen*	Lückentext
	3	Produktiv (Fahrkarte kaufen): *verreisen, Problem, zurück, ICE, Bahncard, Fahrkarte, reservieren, Fenster, Abfahrt, Ankunft, Gleis, Kalender*	Ergänzung
Grammatik	4	Rezeptiv: Lokalangaben im Dativ und Akkusativ	Lückentext

Lernabschlusstest Einheiten 8–14

Fitness und Sport | Unsere Feste | Austausch | Berliner Luft | Welt und Umwelt | Reisen am Rhein | Ein Abschied

Testteil	Testaufgabe	Aufgabenformat	Was wird getestet?	Einheit	Kann-Beschreibung
Hören	1	Richtig-Falsch	Selektives, detailliertes und globales Hörverständnis (Schüleraustausch, Sport, Feste, Umweltschutz)	8, 9, 10, 12	Kann kurzen, langsam und deutlich gesprochenen Tonaufnahmen über vorhersehbare alltägliche Dinge die wesentliche Information entnehmen. Kann im Allgemeinen das Thema von Gesprächen, die in seiner/ihrer Gegenwart geführt werden, erkennen, wenn langsam und deutlich gesprochen wird.
Lesen	2	Multiple-Choice (3 Antwortmöglichkeiten)	Selektives, detailliertes und globales Leseverständnis (Ferienreisen)	11, 13	Kann konkrete, voraussagbare Informationen in einfachen Alltagstexten auffinden, z. B. in Anzeigen, Prospekten, Speisekarten, Literaturverzeichnissen und Fahrplänen.
Schreiben	3	E-Mail	Gelenktes Schreiben (eine E-Mail zum Thema *Abschied und Auslandserfahrung* beantworten)	10, 14	Kann in Form verbundener Sätze etwas über alltägliche Aspekte des eigenen Umfelds schreiben, wie z. B. über Menschen, Orte, einen Job oder Studienerfahrungen. Kann in einer Reihe einfacher Sätze über die eigene Familie, die Lebensumstände, den Bildungshintergrund oder die momentane oder vorige berufliche Tätigkeit schreiben.
Sprechen	4	Interview Rollenspiel	Spontanes Sprechen (Sport und Fitness, Feste, Städte und Reisen, Welt, Umwelt und Wetter, Fahrkarte kaufen)	8–14	Kann ohne übermäßige Mühe in einfachen Routinegesprächen zurechtkommen; kann Fragen stellen und beantworten und in vorhersehbaren Alltagssituationen Gedanken und Informationen zu vertrauten Themen austauschen. Kann über Aspekte des eigenen alltäglichen Lebensbereichs berichten, z. B. über Leute, Orte, Erfahrungen in Beruf oder Ausbildung. Kann erklären, was er/sie an etwas mag oder nicht mag. Kann sich einfache Reiseinformationen beschaffen und öffentliche Verkehrsmittel wie Bus, Zug, Taxi benutzen; kann nach dem Weg fragen und den Weg erklären sowie Fahrkarten kaufen.

Lernabschnittstest 1

Testteil	Testaufgabe	Lösungen	Punkte und Bewertung
Wortschatz	1	1. vermute – 2. wunderbar – 3. Abenteuer – 4. Gipfel – 5. Wetter – 6. überhaupt – 7. geregnet – 8. Gewitter – 9. los – 10. aufgeblieben – 11. Bahn – 12. einpacken	10–12 → sehr gut 7–9 → gut 5–6 → befriedigend 0–4 → nicht bestanden
Grammatik	2	1. en – 2. em – 3. en – 4. er – 5. em – 6. en	10–12 → sehr gut 7–9 → gut 5–6 → befriedigend 0–4 → nicht bestanden
	3	1. besucht – 2. gemacht – 3. fotografiert – 4. mitgenommen 5. getanzt – 6. zurückgegangen	
Lesen	4	1. D – 2. E – 3. A – 4. C – 5. B – 6. F	5–6 → sehr gut 3–4 → gut 1–2 → befriedigend 0 → nicht bestanden
GESAMT	**1–4**	**24–30 → sehr gut (78–100 %) 18–23 → gut (58–77 %) 12–17 → befriedigend (40–57 %) 0–11 → nicht bestanden (0–39 %)**	

Lernabschnittstest 2

Testteil	Testaufgabe	Lösungen	Punkte und Bewertung
Hören	1	1. C – 2. A – 3. E – 4. D – 5. F – 6. B	5–6 → sehr gut 3–4 → gut 1–2 → befriedigend 0 → nicht bestanden
Grammatik	2	1. e – 2. b – 3. d – 4. c – 5. f – 6. a	10–12 → sehr gut 7–9 → gut 5–6 → befriedigend 0–4 → nicht bestanden
	3	1. illst – 2. ollte – 3. önnen/önnten – 4. onnte – 5. usstest – 6. uss	
Wortschatz	4	1. stattgefunden – 2. Verein – 3. Plan – 4. Star – 5. Ausland 6. joggen – 7. nervös – 8. getröstet – 9. Entscheidend – 10. aufgibst – 11. verbessern – 12. glücklich	10–12 → sehr gut 7–9 → gut 5–6 → befriedigend 0–4 → nicht bestanden
GESAMT	**1–4**	**24–30 → sehr gut (78–100 %) 18–23 → gut (58–77 %) 12–17 → befriedigend (40–57 %) 0–11 → nicht bestanden (0–39 %)**	

Lernfortschrittstest 1–3

Testteil	Testaufgabe	Lösungen	Punkte und Bewertung
Hören	1	1. falsch – 2. richtig – 3. richtig – 4. richtig – 5. richtig – 6. falsch – 7. falsch	6–7 → sehr gut 4–5 → gut 2–3 → befriedigend 0–1 → nicht bestanden
Wortschatz	2	1. genauso – 2. alles – 3. in – 4. total – 5. interessanter – 6. unbedingt – 7. hilft – 8. erklären – 9. fleißig – 10. nehme	8–10 → sehr gut 6–7 → gut 4–5 → befriedigend 0–3 → nicht bestanden
Lesen	3	1. b – 2. a – 3. a – 4. b – 5. c – 6. b – 7. b	6–7 → sehr gut 4–5 → gut 2–3 → befriedigend 0–1 → nicht bestanden
Schreiben	4	siehe Bewertungsraster	7–9 → sehr gut 5–6 → gut 3–4 → befriedigend 0–2 → nicht bestanden
Sprechen	5	siehe Bewertungsraster	10–12 → sehr gut 7–9 → gut 5–6 → befriedigend 0–4 → nicht bestanden
GESAMT	1–5	**36–45 → sehr gut (80–100 %)** **27–35 → gut (60–79 %)** **18–26 → befriedigend (40–59 %)** **0–17 → nicht bestanden (0–39 %)**	

Lernabschnittstest 4

Testteil	Testaufgabe	Lösungen	Punkte und Bewertung
Lesen	1	1. a – 2. c – 3. b – 4. c – 5. a	4–5 → sehr gut 2–3 → gut 1 → befriedigend 0 → nicht bestanden
Wortschatz	2	1. Fernsehsender – 2. Wetterbericht – 3. anmachen – 4. Radio	12–15 → sehr gut 9–11 → gut 6–8 → befriedigend 0–5 → nicht bestanden
	3	1. cken – 2. fnen – 3. ießen – 4. rten – 5. den – 6. den – 7. terladen – 8. mation – 9. rat – 10. rchieren – 11. tzen	
Grammatik	4	1. b – 2. d – 3. a – 4. c	8–10 → sehr gut 6–7 → gut 4–5 → befriedigend 0–3 → nicht bestanden
	5	1. dürfen – 2. darf – 3. dürft – 4. darfst – 5. darf – 6. dürfen	
GESAMT	1–5	**24–30 → sehr gut (78–100 %)** **18–23 → gut (58–77 %)** **12–17 → befriedigend (40–57 %)** **0–11 → nicht bestanden (0–39 %)**	

Lernfortschrittstest 4–5

Testteil	Testaufgabe	Lösungen	Punkte und Bewertung
Hören	1	1. c – 2. a – 3. a – 4. b – 5. c – 6. b	5–6 → sehr gut 3–4 → gut 1–2 → befriedigend 0 → nicht bestanden
Lesen	2	1. b – 2. c – 3. a – 4. a – 5. b – 6. a	5–6 → sehr gut 3–4 → gut 1–2 → befriedigend 0 → nicht bestanden
Wortschatz	3	1. nasium – 2. tur – 3. ernat – 4. ändig – 5. zlich – 6. ausch	12–14 → sehr gut 9–11 → gut 6–8 → befriedigend 0–5 → nicht bestanden
	4	1. b – 2. d – 3. c – 4. a – 5. g – 6. e – 7. f – 8. h	
Schreiben	5	siehe Bewertungsraster	7–9 → sehr gut 5–6 → gut 3–4 → befriedigend 0–2 → nicht bestanden
GESAMT	1-5	28–35 → sehr gut (78–100 %) 21–27 → gut (58–77 %) 14–20 → befriedigend (40–57 %) 0–13 → nicht bestanden (0–39 %)	

Lernabschnittstest 6

Testteil	Testaufgabe	Lösungen	Punkte und Bewertung
Hören	1	1. c – 2. b – 3. b – 4. a – 5. a	4–5 → sehr gut 2–3 → gut 1 → befriedigend 0 → nicht bestanden
Wortschatz	2	1. Typ – 2. Moped – 3. Führerschein – 4. Sportwagen – 5. Nebenjob – 6. Bezahlung	12–15 → sehr gut 9–11 → gut 6–8 → befriedigend 0–5 → nicht bestanden
	3	1. use – 2. odisch – 3. riert – 4. ck – 5. sch – 6. eben – 7. ziert – 8. hen – 9. sen	
Grammatik	4	1. er – 2 er – 3. es – 4. es 5. en – 6. e	8–10 → sehr gut 6–7 → gut 4–5 → befriedigend 0–3 → nicht bestanden
	5	1. dir – 2. ihr – 3. Ihnen – 4. mir	
GESAMT	1-5	24–30 → sehr gut (78–100 %) 18–23 → gut (58–77 %) 12–17 → befriedigend (40–57 %) 0–11 → nicht bestanden (0–39 %)	

Lernabschlusstest 1–7

Testteil	Testaufgabe	Lösungen	Punkte und Bewertung
Hören	1	1. c – 2. a – 3. b – 4. a – 5. a	7–8 → sehr gut 5–6 → gut 3–4 → befriedigend 0–2 → nicht bestanden
	2	1. falsch – 2. richtig – 3. richtig	
Lesen	3	1. b – 2. b – 3. c – 4. a – 5. b – 6. b	5–6 → sehr gut 3–4 → gut 1–2 → befriedigend 0 → nicht bestanden
Schreiben	4	Siehe Bewertungsraster	7–9 → sehr gut 5–6 → gut 3–4 → befriedigend 0–2 → nicht bestanden
Sprechen	5	Siehe Bewertungsraster	10–12 → sehr gut 7–9 → gut 5–6 → befriedigend 0–4 → nicht bestanden
GESAMT	**1–5**	**28–35 → sehr gut (78–100 %)** **21–27 → gut (58–77 %)** **14–20 → befriedigend (40–57 %)** **0–13 → nicht bestanden (0–39 %)**	

Lernabschnittstest 8

Testteil	Testaufgabe	Lösungen	Punkte und Bewertung
Hören	1	1. a – 2. c – 3. b – 4. b – 5. b	4–5 → sehr gut 2–3 → gut 1 → befriedigend 0 → nicht bestanden
Wortschatz	2	1. Sportplatz – 2. Urkunde – 3. Rekord – 4. werfen – 5. Turnhalle	12–15 → sehr gut 9–11 → gut 6–8 → befriedigend 0–5 → nicht bestanden
	3	1. lle – 2. elen – 3. chaft – 4. innen – 5. ft – 6. ingen – 7. ch – 8. erzen – 9. nkenhaus – 10. ochen	
Grammatik	4	1. hoch – 2. höher – 3. höchsten – 4. weit – 5. weit – 6. wärmer – 7. wärmer – 8. kältesten – 9. gern – 10. liebsten	8–10 → sehr gut 6–7 → gut 4–5 → befriedigend 0–3 → nicht bestanden
GESAMT	**1–4**	**24–30 → sehr gut (78–100 %)** **18–23 → gut (58–77 %)** **12–17 → befriedigend (40–57 %)** **0–11 → nicht bestanden (0–39 %)**	

Lernabschnittstest 9

Testteil	Testaufgabe	Lösungen	Punkte und Bewertung
Lesen	1	1. b – 2. a – 3. c – 4. a – 5. a	4–5 → sehr gut 2–3 → gut 1 → befriedigend 0 → nicht bestanden
Wortschatz	2	1. wie viele – 2. wie – 3. wann – 4. ob – 5. wo	13–17 → sehr gut 9–12 → gut 6–8 → befriedigend 0–5 → nicht bestanden
	3	1. C – 2. A – 3. E – 4. B – 5. D	
	4	1. eidet – 2. sentieren – 3. igkeiten – 4. siker – 5. epunkt – 6. ritt – 7. chauer	
Grammatik	5	1. Wissen – 2. weiß – 3. Wisst – 4. wissen – 5. weiß – 6. Weißt – 7. Wissen – 8. wissen	7–8 → sehr gut 5–6 → gut 3–4 → befriedigend 0–2 → nicht bestanden
GESAMT	**1–5**	**24–30 → sehr gut (78–100 %) 18–23 → gut (58–77 %) 12–17 → befriedigend (40–57 %) 0–11 → nicht bestanden (0–39 %)**	

Lernfortschrittstest 8–10

Testteil	Testaufgabe	Lösungen	Punkte und Bewertung
Hören	1	1. a – 2. b – 3. b – 4. c – 5. b	4–5 → sehr gut 2–3 → gut 1 → befriedigend 0 → nicht bestanden
Lesen	2	1. c – 2. b – 3. c – 4. a – 5. c – 6. c – 7. a	6–7 → sehr gut 4–5 → gut 2–3 → befriedigend 0–1 → nicht bestanden
Wortschatz	3	1. derschön – 2. ellen – 3. ngen – 4. htbar – 5. misch – 6. mweh – 7. nd – 8. gst – 9. amilie – 10. ahrung – 11. lweg – 12. ehr	10–12 → sehr gut 7–9 → gut 5–6 → befriedigend 0–4 → nicht bestanden
Schreiben	4	Siehe Bewertungsraster	7–9 → sehr gut 5–6 → gut 3–4 → befriedigend 0–2 → nicht bestanden
Sprechen	5	Siehe Bewertungsraster	10–12 → sehr gut 7–9 → gut 5–6 → befriedigend 0–4 → nicht bestanden
GESAMT	**1–5**	**36–45 → sehr gut (80–100 %) 27–35 → gut (60–79 %) 18–26 → befriedigend (40–59 %) 0–17 → nicht bestanden (0–39 %)**	

Lernabschnittstest 11

Testteil	Testaufgabe	Lösungen	Punkte und Bewertung
Hören	1	1. a – 2. a – 3. c – 4. a – 5. a	4–5 → sehr gut 2–3 → gut 1 → befriedigend 0 → nicht bestanden
Wortschatz	2	1. nnen – 2. tten – 3. rn – 4. ldigung – 5. hten – 6. tte	14–18 → sehr gut 10–13 → gut 6–9 → befriedigend 0–5 → nicht bestanden
	3	1. riesig – 2. Stadtrundfahrt – 3. behalten – 4. geteilt – 5. Besucher – 6. über – 7. Führung – 8. Bundestag – 9. Abgeordnete – 10. Sehenswürdigkeiten – 11. spontan – 12. Kaufhaus	
Grammatik	4	1. zum – 2. durch den – 3. ins – 4. über die – 5. nach – 6. zur – 7. durch	6–7 → sehr gut 4–5 → gut 2–3 → befriedigend 0–1 → nicht bestanden
GESAMT	1–4	**24–30 → sehr gut (78–100 %)** **18–23 → gut (58–77 %)** **12–17 → befriedigend (40–57 %)** **0–11 → nicht bestanden (0–39 %)**	

Lernfortschrittstest 11–12

Testteil	Testaufgabe	Lösungen	Punkte und Bewertung
Hören	1	1. F – 2. D – 3. G – 4. B – 5. H – 6. E – 7. A – 8. C	7–8 → sehr gut 5–6 → gut 3–4 → befriedigend 0–2 → nicht bestanden
Lesen	2	1. b – 2. c – 3. b – 4. b – 5. c – 6. a	5–6 → sehr gut 3–4 → gut 1–2 → befriedigend 0 → nicht bestanden
Wortschatz	3	1. Ernst – 2. verschmutzt – 3. Mülleimer – 4. Meinung – 5. Vorteile – 6. Land – 7. Urwald – 8. gefährlich – 9. Großstadt – 10. retten – 11. spart – 12. Recycling	10–12 → sehr gut 7–9 → gut 5–6 → befriedigend 0–4 → nicht bestanden
Schreiben	4	Siehe Bewertungsraster	7–9 → sehr gut 5–6 → gut 3–4 → befriedigend 0–2 → nicht bestanden
GESAMT	1–4	**28–35 → sehr gut (78–100 %)** **21–27 → gut (58–77 %)** **14–20 → befriedigend (40–57 %)** **0–13 → nicht bestanden (0–39 %)**	

Lernabschnittstest 13

Testteil	Testaufgabe	Lösungen	Punkte und Bewertung
Lesen	1	1. falsch – 2. falsch – 3. falsch – 4. richtig – 5. richtig – 6. falsch	5–6 → sehr gut 3–4 → gut 1–2 → befriedigend 0 → nicht bestanden
Wortschatz	2	1. um – 2. nach – 3. durch – 4. gegen	13–16 → sehr gut 9–12 → gut 6–8 → befriedigend 0–5 → nicht bestanden
	3	1. eisen – 2. blem – 3. rück – 4. CE – 5. ard – 6. arte – 7. rvieren – 8. nster – 9. ahrt – 10. unft – 11. eis – 12. ender	
Grammatik	4	1. auf das – 2. auf dem – 3. an der – 4. an die – 5. in der – 6. in die – 7. an den – 8. am	7–8 → sehr gut 5–6 → gut 3–4 → befriedigend 0–2 → nicht bestanden
GESAMT	**1–4**	**24–30 → sehr gut (78–100 %) 18–23 → gut (58–77 %) 12–17 → befriedigend (40–57 %) 0–11 → nicht bestanden (0–39 %)**	

Lernabschlusstest 8–14

Testteil	Testaufgabe	Lösungen	Punkte und Bewertung
Hören	1	1. falsch – 2. richtig – 3. falsch – 4. richtig – 5. richtig – 6. falsch – 7. richtig – 8. falsch	7–8 → sehr gut 5–6 → gut 3–4 → befriedigend 0–2 → nicht bestanden
Lesen	3	1. c – 2. b – 3. b – 4. c – 5. b – 6. a	5–6 → sehr gut 3–4 → gut 1–2 → befriedigend 0 → nicht bestanden
Schreiben	4	Siehe Bewertungsraster	7–9 → sehr gut 5–6 → gut 3–4 → befriedigend 0–2 → nicht bestanden
Sprechen	5	Siehe Bewertungsraster	10–12 → sehr gut 7–9 → gut 5–6 → befriedigend 0–4 → nicht bestanden
GESAMT	**1–5**	**28–35 → sehr gut (78–100 %) 21–27 → gut (58–77 %) 14–20 → befriedigend (40–57 %) 0–13 → nicht bestanden (0–39 %)**	

Modelltest Fit in Deutsch 2

Testteil		Lösungen	Punkte
Lesen	Teil 1: 1	1. b – 2. a – 3. b – 4. c – 5. b	5
	2	6. b – 7. c – 8. a – 9. b – 10. b	5
	3	11. b – 12. c – 13. b – 14. c – 15. b	5
	4	16. c – 17. x – 18. e – 19. f – 20. d	5
			20 x 1,25 = **25**
Hören	Teil 1	1. b – 2. a – 3. c – 4. c – 5. b	5
	Teil 2	6. e – 7. a – 8. i – 9. d – 10. c	5
	Teil 3	11. b – 12. a – 13. b – 14. b – 15. c	5
	Teil 4	16. ja – 17. nein – 18. nein – 19. nein – 20. ja	5
			20 x 1,25 = **25**
Schreiben	Teil 1 *Beispiel:* Hallo Anja, tut mir leid, ich kann nicht kommen, weil ich noch Hausaufgaben machen muss. Können wir morgen ins Schwimmbad gehen? Liebe Grüße		10
	Teil 2 *Beispiel:* Liebe Frau Lippmann, ich kann leider morgen nicht zum Unterricht kommen, weil ich krank bin. Ich habe eine Erkältung und muss im Bett bleiben. Können Sie mir bitte eine Mail schicken mit den Hausaufgaben für Dienstag? Vielen Dank und viele Grüße		10
			20 x 1,25 = **25**
Sprechen	Teil 1		4
	Teil 2		8
	Teil 3		8
	Aussprache		5
			25
GESAMT		**90–100 → sehr gut** **80–89 → gut** **70–79 → befriedigend** **60–69 → ausreichend** **0–59 → nicht bestanden**	

Schreiben

Kategorien	Punkte
Inhalte und Umfang	
Der geschriebene Text entspricht dem Schreibanlass und ist klar erkennbar eine Antwort auf die SMS/Chat-Nachricht/E-Mail. Der Lerner bearbeitet alle vorgegebenen Punkte / beantwortet alle Fragen, verwendet dabei einfache Sätze, die gelegentlich sogar durch einfache Konnektoren (und, aber, weil) verbunden sind. Die erforderliche Anzahl von mindestens 25 Wörtern wurde erreicht.	3
Der geschriebene Text entspricht im Großen und Ganzen dem Schreibanlass und ist eine Antwort auf die SMS/Chat-Nachricht/E-Mail. Der Lerner bearbeitet einige, aber nicht alle vorgegebenen Punkte / beantwortet nicht alle Fragen, reiht dabei einfache, überwiegend auswendig gelernte Sätze aneinander. Die Anzahl der Wörter liegt bei ca. 15 Wörtern.	2
Der geschriebene Text entspricht nicht dem Schreibanlass und ist eine unzureichende Antwort auf die SMS/Chat-Nachricht/E-Mail. Der Lerner bearbeitet nur einen vorgegebenen Punkt / beantwortet nur eine Frage, verwendet dabei selten einfache auswendig gelernte Sätze, sondern überwiegend isolierte Wörter und Wortgruppen. Der Textumfang beträgt weniger als 10 Wörter.	1
Formale Richtigkeit	
Einige wenige systematische Fehler in Syntax, Morphologie (und Orthographie/Interpunktion) und bei der Wortfolge, die das Verständnis kaum beeinträchtigen.	3
Eine größere Anzahl an systematischen Fehlern in Syntax, Morphologie (und Orthographie/Interpunktion) und bei der Wortfolge, die das Verständnis meist nur wenig beeinträchtigen.	2
Sehr viele systematische Fehler in Syntax, Morphologie (und Orthographie/Interpunktion) und bei der Wortfolge, die das Verständnis erheblich beeinträchtigen.	1
Wortschatzspektrum	
Verwendet den gelernten Wortschatz zu den getesteten Themen fast immer korrekt und angemessen.	3
Verwendet den gelernten Wortschatz zu den getesteten Themen meist korrekt und angemessen.	2
Verwendet den gelernten Wortschatz zu den getesteten Themen sehr selten korrekt und angemessen.	1

* Der Test der Fertigkeit Schreiben wird mit 0 Punkten bewertet, wenn der von der Schülerin / dem Schüler verfasste Text
- nicht verstehbar ist,
- aus nur wenigen einzelnen Wörtern besteht,
- aus einzelnen Phrasen besteht, die von der Aufgabenstellung abgeschrieben sind, oder
- gar kein Text vorhanden ist.

Sprechen

Kategorien	Punkte
Inhalte und Umfang	
Kann auf alle einfachen direkten Fragen angemessen reagieren und einfache situationsangemessene Fragen stellen. Kann über eine Reihe von alltäglichen Themen im Präsens sprechen. Verwendet oft sogar eigenständige satzförmige Äußerungen aus bekannten Wörtern und Ausdrücken.	3
Kann auf die meisten einfachen direkten Fragen angemessen reagieren und eine Reihe von einfachen situationsangemessenen Fragen stellen. Kann über einige alltägliche Themen im Präsens sprechen. Verwendet überwiegend nur auswendig gelernte Äußerungen und Sätze.	2
Kann auf einige direkte Fragen angemessen reagieren und einige einfache situationsangemessene Fragen stellen. Kann über wenige alltägliche Themen im Präsens sprechen. Verwendet überwiegend einzelne Wörter oder Wortgruppen, zählt auf.	1
Formale Richtigkeit	
Einige wenige systematische Fehler in Syntax, Morphologie und bei der Wortfolge, die das Verständnis kaum beeinträchtigen.	3
Eine größere Anzahl an systematischen Fehlern in Syntax, Morphologie und bei der Wortfolge, die das Verständnis meist nur wenig beeinträchtigen.	2
Sehr viele systematische Fehler in Syntax, Morphologie und bei der Wortfolge, die das Verständnis erheblich beeinträchtigen.	1
Wortschatzspektrum	
Verwendet den gelernten thematischen Wortschatz fast immer korrekt und angemessen.	3
Verwendet den gelernten thematischen Wortschatz meist korrekt und angemessen.	2
Verwendet den gelernten thematischen Wortschatz eher selten korrekt und angemessen.	1
Aussprache	
Gut verständlich, auch wenn die Aussprache von der Muttersprache beeinflusst ist.	3
Für Gesprächspartner, die keine Erfahrung mit Nicht-Muttersprachlern haben, schwer verständlich. Die Aussprache ist stark von der Muttersprache beeinflusst.	2
Wegen mangelhafter Aussprache ist der Inhalt meist nicht zu verstehen.	1

* Der Test der Fertigkeit Sprechen wird mit 0 Punkten bewertet, wenn die Schülerin / der Schüler
  - nichts sagt,
  - nicht kommunikationsfähig ist oder
  - das, was sie/er sagt, aufgrund der Fehler und der Aussprache nicht verstehbar ist.

Lernabschnittstest 2

Aufgabe 1 (Track 2)

Lena: Hallo, ich bin Lena. Ich mag Fremdsprachen. Nach der Schule möchte ich studieren. Dann möchte ich in einer Schule als Englischlehrerin arbeiten. Ich muss viele Tests korrigieren, aber das macht mir Spaß.

Mona: Mein Name ist Mona. Ich arbeite gern in meinem Beruf, weil ich Kinder mag. Ich muss oft Geschichten erzählen, malen oder singen. Ich verdiene wenig Geld, aber ich bin glücklich.

Tim: Hi, ich heiße Tim. Ich bin glücklich. Ich habe ein Praktikum gefunden und meine Kollegen sind sehr nett. Ich wollte schon immer mit Technik arbeiten. Nach der Schule möchte ich in dem Betrieb eine Lehre machen.

Saskia: Ich bin Saskia. Ich habe studiert und arbeite schon viele Jahre in meinem Beruf. Ich wollte schon immer Menschen helfen. Ich mache viele Operationen am Tag. Entscheidend ist, dass ich konzentriert bin und nicht nervös werde. Es ist mein Traumberuf. Ich verdiene viel Geld, aber ich habe wenig Freizeit.

Stefan: Hallo, ich bin Stefan. Ich liebe meine Arbeit. Ich kann viel reisen und interessante Menschen treffen. Viele denken, dass meine Arbeit leicht ist, aber ich muss draußen arbeiten, Interviews machen und viel schreiben.

Max: Mein Name ist Max. Ich mag Sport und ich habe einen Traum. Ich möchte ein Star werden! Ich möchte im Ausland Fußball spielen und viel Geld verdienen. Dann bin ich reich und berühmt!

Lernfortschrittstext 1–3

Aufgabe 1 (Track 3)

Luise: Hallo Max! Wie war's in den Ferien?

Max: Hallo Luise. Es war super. Ich war in den Ferien am Meer.

Luise: Echt? Warst du nicht in den Bergen?

Max: Nein, ich war nicht in den Bergen. Ich war mit meinen Eltern am Meer. An der Ostsee. Es war sehr schön. Ich habe viel gemacht. Wir waren in einem Museum, sind mit dem Schiff gefahren und haben viel Fisch gegessen!

Luise: Wo habt ihr übernachtet?

Max: Wir haben bei meiner Tante gewohnt. Sie hat ein Haus am Meer.

Luise: Und wie war das Wetter?

Max: Es hat nur manchmal geregnet. Dann sind wir ins Schwimmbad gegangen. Und bei euch?

Luise: Bei uns war das Wetter wunderbar. Es hat überhaupt nicht geregnet: Ich war mit meinen Eltern in Spanien!

Max: Ach, toll! Und was habt ihr gemacht?

Luise: Wir waren jeden Tag am Meer. Manchmal haben wir Ausflüge gemacht, zum Beispiel nach Barcelona. Wir haben viele Sehenswürdigkeiten besucht. Ich wollte Fotos machen, aber ich habe meine Kamera vergessen.

Max: Wie schade!! Und, wo habt ihr gewohnt?

Luise: In einem Hotel. Das Frühstück war sehr lecker. Aber nächstes Jahr wollen wir auch an die Ostsee!

Lernfortschrittstext 4–5

Aufgabe 1 (Track 4)

Es ist 6 Uhr. Mein Smartphone klingelt. Die Sonne scheint und ich muss in die Schule.

Frühstück: Papa sitzt schon da und liest die Zeitung. Ich mache den Fernseher an. Mama macht ihn aus. Sie erlaubt nicht, dass ich morgens fernsehe. Sie meint, dass ich lieber Zeitung lesen soll. Aber ich höre lieber Musik auf meinem Smartphone. Das darf ich auch nicht, aber Mama sieht nicht, dass ich einen Ohrhörer im Ohr habe.

Schule, erste Stunde: Geschichte... Ich mag Geschichte nicht. Ich mag lieber Musik.

Pause: Paul zeigt mir seine Fotos vom Klassenausflug auf seinem Smartphone.

Oh, nein! Ich habe die Englischhausaufgaben vergessen. Mist! Ich lerne schnell die Wörter.

Zweite Stunde: Englisch. Karl ist so dumm. Er hört im Unterricht Musik. Natürlich musste er schon oft sein Handy abgeben. Ich stelle schnell mein Smartphone auf Vibrationsalarm.

Mittagspause: Ich muss meine Nachrichten checken.

Nachricht von Mama: Ich soll auf dem Weg nach Hause noch im Supermarkt einkaufen.

Am Abend mache ich meine Hausaufgaben am Laptop. Danach will ich ein bisschen fernsehen. Da passiert es. Licht aus, Fernseher aus. Alles ist dunkel. Stromausfall! Das darf nicht wahr sein! Zum Glück funktioniert der Laptop noch!

Lernabschnittstest 6

Aufgabe 1 (Track 5)

Lukas: Maike, ist dein Aussehen für dich wichtig?

Maike: Ja, morgens brauche ich viel Zeit bis ich fertig bin, ungefähr eine Stunde. Wenn ich am Abend mit meinen Freunden ausgehe, dann brauche ich 20 Minuten oder eine halbe Stunde. Ich möchte gut aussehen, wenn ich aus dem Haus gehe. Schöne Haare finde ich besonders wichtig. Ich gehe oft zum Friseur.
Und du Lukas? Ist das Aussehen auch für dich wichtig?

Lukas: Na ja.... Ich will schon gut aussehen, aber ich will nicht sehr viel Geld oder Zeit dafür verwenden. Gibst du viel Geld für Kleidung aus? Sind Marken wichtig für dich?

Maike: Marken, nein. Wenn mir die Sachen gefallen, dann kaufe ich sie. Aber ich gebe trotzdem viel Geld für Kleidung aus. Am liebsten kaufe ich Ohrringe und Schuhe. Und du? Wofür gibst du Geld aus?

Lukas: Ich mag gerne Technik: Handys, Computer und so. Dafür gebe ich viel Geld aus. Deshalb habe ich für Kleidung und Friseur fast kein Geld. Ich bin ziemlich unmodisch. Ein cooler Handyklingelton ist mir wichtiger als ein cooles T-Shirt.

Lernabschlusstest 1-7

Aufgabe 1 (Track 6)

Mark: Hi Lina! Wie waren deine Ferien?
Lina: Super, Mark! Und deine?
Mark: Toll! Ich war im August in Österreich.
Lina: Echt? Wo warst du? Meine Schwester Mareike war auch in Österreich, in Wien. Mareike liebt Kunst und Museen.
Mark: Oh, nein, nein!! Ich war in den Bergen. Ich bin von Hütte zu Hütte gewandert. Das war super!
Lina: Ich bin auch gern in den Bergen, aber nicht allein. … Hm, und ich konnte nicht in Urlaub fahren. Ich musste arbeiten. Aber ich war nach der Arbeit oft im Schwimmbad. Hast du schon mit Lars gesprochen?
Mark: Nein, wieso?
Lina: Lars war mit seinen Eltern in Australien. Da hat er Surfen gelernt.
Mark: Wie cool! Mein Freund Georg und ich wollen auch nach Australien und dort surfen lernen.

Lernabschlusstest 1–7

Aufgabe 2 (Track 7)

Frau: Carolin, erzähl ein bisschen von dir! Wer ist der wichtigste Mensch für dich?
Carolin: Das ist meine Tante Margit. Sie ist immer für mich da, wenn ich Probleme habe. Sie hat immer für mich Zeit. Ich mag auch meinen Onkel Robert. Er hat viel Humor. Wenn er da ist, haben alle viel Spaß.
Frau: Was ist deine Lieblingsmusik?
Carolin: Die Musik von Coldplay, weil ich die Texte mag und die Musik schön finde. Am 7. Februar gehe ich auf ein Coldplay-Konzert.

Lernabschnittstest 8

Aufgabe 1 (Track 8)

Moderatorin: Hallo Tobi! Magst du Sport?
Tobi: Ja, Sport ist alles für mich. Klar, gute Noten sind mir auch wichtig, aber ich möchte Fußballprofi werden. Ich gehe auf ein Sportgymnasium. Die Schule hat einen sehr großen Sportplatz.
Moderatorin: Trainierst du dort?
Tobi: Ja, ich trainiere dort jeden Nachmittag nach dem Unterricht – von Montag bis Freitag. Einmal in der Woche haben wir ein Spiel gegen eine andere Mannschaft. Wir sind gut, aber letzte Woche haben wir gegen die Mannschaft aus Frankfurt verloren.
Moderatorin: Warst du traurig?
Tobi: Nein, unser Trainer sagt immer: Nach dem Spiel ist vor dem Spiel. Wenn wir die nächsten Spiele gewinnen, dann können wir die Meisterschaften dieses Jahr gewinnen.
Moderatorin: Mag deine Familie auch Sport?
Tobi: Meine Mutter mag keinen Fußball. Sie macht gern Yoga. Aber mein Vater und meine Schwester Marie kommen oft zu meinen Fußballspielen. Marie spielt Schach. Sie trainiert drei Mal pro Woche und ist echt gut. Letztes Jahr hat sie ein wichtiges Turnier gewonnen - die Meisterschaft für Teenager.

Lernfortschrittstext 8-10

Aufgabe 1 (Track 9)

Lena: Hi Christopher, hier ist Lena.
Christopher: Hi Lena. Was geht?
Lena: Ich möchte am Freitag nach Nürnberg auf den Weihnachtsmarkt fahren. Willst du mitkommen?
Christopher: Klar, gerne. Aber am Freitagnachmittag ist das Schulfest!
Lena: Oh. Das habe ich vergessen. Auf dem Schulfest verkaufe ich die Weihnachtsplätzchen.
Christopher: Dann können wir am Samstag oder Sonntag fahren!
Lena: Am Samstag ist die Hochzeit von meiner Schwester. Aber am Sonntag habe ich Zeit.
Christopher: Das klingt gut. Wann fahren wir am besten los?
Lena: Wir können um zehn losfahren. Dann sind wir um zwölf Uhr in Nürnberg und können zum Weihnachtsmarkt gehen.
Christopher: Einverstanden!
Lena: Ich möchte dort noch ein paar warme Pullover und Stiefel kaufen. Und vielleicht können wir am Abend noch ins Theater gehen.
Christopher: Nein, ins Theater will ich nicht gehen!
Lena: Ok, kein Problem. Dann sehen wir uns am Freitag. Ich freue mich!
Christopher: Ich mich auch. Bis Freitag.

Lernabschnittstest 11

Aufgabe 1 (Track 10)

Frau: Entschuldigen Sie, können Sie mir helfen? Ich suche die Marienkirche. Muss ich mit dem Bus oder mit der Straßenbahn fahren?
Mann: Die Marienkirche ist direkt hier in der Nähe, da können Sie zu Fuß gehen.

Frau: Entschuldigen Sie, bitte. Wie komme ich zum Roten Rathaus?
Mann: Gehen Sie über die Brücke und dann geradeaus. An der Kreuzung sehen Sie rechts ein rotes Gebäude. Das ist das Rote Rathaus.

Frau: Können Sie mir sagen, wie ich zum Mauermuseum komme?
Mann: Gehen Sie hier über den Platz zur U-Bahn-Station. Nehmen Sie die Linie 6 Richtung Altmariendorf. Fahren Sie fünf Stationen. Steigen Sie an der Station Kochstraße aus. Da ist das Museum.

Tim: Katrin, warst du schon am Alexanderplatz?
Katrin: Ja, gestern.
Tim: Ok, möchtest du dann heute den Reichstag besichtigen?

Katrin: Nein. Das Wetter ist heute so schön! Ich möchte in den Zoo gehen.

Silke: Tim, hast du die Karten für das Filmfestival bekommen?
Tim: Nein, Silke, für die „Berlinale" gibt es leider keine Karten mehr. Aber ich habe für heute Abend zwei Karten für das Musical „Tigers".
Silke: Schön! Wo ist das?
Tim: Im Theater des Westens.

Lernfortschrittstest 11–12

Aufgabe 1 (Track 11)
Und jetzt die Wettervorhersage für Sonntag. Kairo: Warm, aber sehr stark bewölkt. Temperatur 25–27 °C. Bergen: Sehr starker Wind bei Temperaturen um die 4 °C. Rabat: Es wird noch heißer als gestern und die Temperaturen steigen auf 34 °C. Moskau: Es gibt ersten Schnee. Temperaturen um 0 °C. Amsterdam: Sehr starker Regen bei milden 14 °C. Oslo: Es wird wieder kälter, aber es schneit nicht. Die Temperaturen sinken auf –4 °C. Rio de Janeiro: Nur leichter Regen und kühlere Temperaturen als am Donnerstag. Und in Berlin bleibt es sonnig und trocken bei 12 °C. Ich wünsche Ihnen noch ein schönes Wochenende!

Lernabschlusstest 8–14

Aufgabe 1 (Track 12)
Moderatorin: Guten Abend! Willkommen bei unserer Sendung „Auf in die Welt"! Wir sprechen heute mit deutschen Jugendlichen über den Schüleraustausch.
Hallo Jona, was denkst du? Kann ein Austauschjahr in Deutschland spannend sein?
Jona: Ja! Wenn man Sport mag, muss man ein Austauschjahr in Deutschland machen! Hier gibt es an vielen Schulen tolle Angebote für Sportaktivitäten. Ich gehe auf ein Sportgymnasium. Ich spiele Fußball und kann dort jeden Tag trainieren.
Moderatorin: Und du, Sabrina. Was meinst du?
Sabrina: Ich finde deutsche Feste und Traditionen besonders interessant: Oktoberfest, Ostern, Weihnachten. Meine Freundin aus Spanien besucht mich jedes Jahr zu Weihnachten. Sie liebt es! Auf den Weihnachtsmärkten ist es so schön! Die Stimmung ist einfach toll!
Moderatorin: Warum findest du ein Austauschjahr in Deutschland gut, Lisa?
Lisa: Ich glaube, dass man schöne Erfahrungen machen kann. Das Leben in einer Gastfamilie ist sehr interessant. Ich habe mich mit meiner Gastfamilie sehr gut verstanden. In Deutschland finde ich gut, dass viele Menschen mit dem Fahrrad und nicht mit dem Auto fahren. Das ist gut für die Umwelt. Ich fahre auch mit dem Fahrrad zur Schule.
Moderatorin: Was glaubst du, Robert?
Robert: Ich finde besonders gut, dass man viel über Umweltschutz erfahren kann. An meiner Schule gibt es eine Umweltschutz-AG mit tollen Projekten. Das finde ich klasse. In anderen Ländern ist Umweltschutz nicht so wichtig.

Modelltest „Goethe-Zertifikat A2. Fit in Deutsch"

Hören. Teil 1 (Track 13)

Aufgabe 1
Alexandra: Hallo, Ewa. Hier ist Alexandra. Wir wollen doch heute ins Kino. Ich habe Karten reserviert. Der Film fängt um 16 Uhr an. Aber wir müssen die Karten schon um 15 Uhr 30 an der Kasse abholen. Kannst du das machen? Ich kann erst kurz vor vier da sein. Danke und bis später.

Aufgabe 2
Moderator: Bei Radio-Pop FM könnt ihr 50 Euro gewinnen! Ihr müsst nur drei Fragen zur Popmusik richtig beantworten und mit etwas Glück gehört ihr zu den Gewinnern! Hört jeden Samstag und Sonntag zwischen 13 und 18 Uhr Radio. Pop FM – eure Musik! Habt ihr einen Musikwunsch? Ruft an oder schickt uns eine E-Mail.

Aufgabe 3
Uwe: Hi, Robert! Uwe hier. Ich bin im Schwimmbad. Das Wetter ist so toll und ich möchte hier noch ein bisschen bleiben. Schade, dass du heute Nachmittag nicht mitkommen konntest. Also, ich gehe gleich noch mal nach Hause und komme dann um 19 Uhr zum Sport. Wir sehen uns dort! Ich freu mich. Bis später.

Aufgabe 4
Frau: Achtung! Eine wichtige Mitteilung: alle Schülerinnen und Schüler, die an unserem Sportfest teilnehmen wollen, müssen sich bis Mittwochnachmittag im Sekretariat anmelden. Frau Groß hilft beim Ausfüllen der Formulare. Bis Ende der Woche bekommen dann alle angemeldeten Schülerinnen und Schüler ihre Bestätigung.

Aufgabe 5
Mädchen: Hallo Nadja, du kommst doch zur Theater-AG am Donnerstag. Bitte denk daran, wir sollen nachsehen, ob wir noch alte Sachen aus den sechziger und siebziger Jahren haben. Wir brauchen noch Sachen zum Anziehen für den Hippie und für die Discoqueen. Frag mal deine Eltern! Die hören doch immer noch gern Hippie- und Discomusik.

Hören. Teil 2 (Track 14)
Marco: Hallo Alina, hattet ihr einen schönen Sonntag?
Alina: Hallo Marco, ja. Leider war das Wetter nicht so toll. Aber ich hatte mal einen ruhigen Tag ohne Hausaufgabenstress. Am Abend war ich im Kino und habe einen tollen Film gesehen.

Marco: Und dein Bruder?
Alina: Theo hat einen Ausflug gemacht.
Marco: Wahrscheinlich mit dem Rad?
Alina: Das wollte er gern. Aber dann hat es geregnet. Also ist er doch mit dem Auto an den See gefahren. Aber Schwimmen war dann nichts für ihn.
Marco: Echt? Zu kalt?!
Alina: Ja! Aber seine Freundin Jana hat das nicht gestört. Sie war lange im Wasser.
Marco: Wart ihr abends zusammen im Kino?
Alina: Nein, die beiden waren müde. Und Lena konnte auch nicht mit. Sie ist krank und hat schon früh geschlafen. Sie hatte Kopfschmerzen und konnte noch nicht einmal lesen. Aber nach dem Kino habe ich Ali getroffen. Er hat mir von einem Konzert erzählt, das er besucht hat mit den HipHoppers. Tolle Musik!
Marco: Und hast du auch Diana getroffen?
Alina: Nein. Sie war doch am Wochenende mit ihren Eltern Ski fahren, oder?
Marco: Nein, es gab noch keinen Schnee. Sie haben eine Wanderung gemacht. Aber bald ist Winter und dann gibt es bestimmt Schnee. Dann wollen sie Ski fahren.

Hören. Teil 3 (Track 15)

Aufgabe 11

Frau: Laura, welches Fach magst du am liebsten?
Laura: Hm, also, Englisch macht mir Spaß. Leider ist aber die Lehrerin nicht so nett. Sie gibt viele Hausaufgaben. Was ich wirklich sehr mag, ist Musik. Die Lehrerin ist nett und ich spiele auch gern Zuhause Gitarre.

Frau: Und Kunst? Du hast doch letzten Monat ein tolles Bild gemalt.
Laura: Ja, aber ich habe eine schlechte Note bekommen und der Unterricht ist auch langweilig.

Aufgabe 12

Mann: Wie war das Essen heute in der Cafeteria? Konnte man die Pommes essen?
Junge: Ich weiß nicht, das letzte Mal haben sie überhaupt nicht geschmeckt. Nein, ich habe heute mal einen Hamburger bestellt.
Mann: Dann sicher nicht mit Pommes?
Junge: Nein, heute einfach nur im Brötchen.

Aufgabe 13

Mädchen: Anja, wollen wir am Sonntag ins Kino?
Anja: Nein, ich muss leider für den Mathe-Test lernen.
Mädchen: Auch am Abend? Jens macht doch eine Party.
Anja: Ich möchte gern zur Party, aber der Test! Du bist doch so gut in Mathe. Vielleicht kannst du mir helfen?
Mädchen: Ok, dann komme ich vorbei.
Anja: Und die Party?
Mädchen: Naja, das nächste Mal.

Aufgabe 14

Junge: Sag mal Roberto, wie kommst du zum Sport?
Roberto: Früher habe ich immer das Fahrrad genommen, aber jetzt im Winter habe ich keine Lust. Ich nehme das Auto von meinem Bruder. Das ist zwar nicht gut für die Umwelt, aber bequemer als die Straßenbahn.

Aufgabe 15

Frau: Entschuldigen Sie, ich suche das Sekretariat.
Mann: Da sind Sie falsch. Hier ist der erste Stock. Sie müssen in den dritten Stock gehen.
Frau: Ist das neben der Kantine?
Mann: Nein, die Kantine ist im zweiten Stock. Zum Sekretariat nehmen Sie am besten die Treppe hier links, neben dem Computerraum.

Hören. Teil 4 (Track 16)

Moderatorin: Guten Tag, Samira. Ihr wart letzte Woche auf Klassenfahrt in Frankfurt. Wer hatte die Idee?
Samira: Unsere Kunstlehrerin wollte mit uns nach Frankfurt. Da ist gerade eine große Ausstellung über französische Impressionisten.

Moderatorin: Okay – dann erzähl mal: Wie war der Tag?
Samira: Wir sind schon früh mit dem Zug losgefahren und waren um 10 Uhr am Frankfurter Hauptbahnhof. Ich war zum ersten Mal dort.
Moderatorin: Und was habt ihr dann gemacht?
Samira: Wir sind sofort zum Städel. So heißt das Museum. Da ist eine Kunsthalle. Man kann unglaublich viele Bilder und Gemälde sehen. Weil das Museum nicht weit vom Bahnhof ist, sind wir gelaufen. Im Museum haben wir eine Führung bekommen. Wir haben die französischen Maler gesehen. Super war die Museums-App, die man sich kostenlos herunterladen kann. In einer spannenden Geschichte kann man alles sehen, was es im Museum gibt.
Moderatorin: Was habt ihr noch gemacht?
Samira: Am Nachmittag waren wir in der Stadt, zuerst am Römer. Das ist das alte Rathaus und dann auf der Zeil, die Haupteinkaufstraße. Dort durften wir bis 17 Uhr shoppen. Auf der Zeil gibt es einfach alles. Ich habe mir neue T-Shirts gekauft. Die Jungs sind in Handyläden und haben neue Apps angesehen. Um halb sechs sind wir zurückgefahren und um 9 waren wir wieder zu Hause.
Moderatorin: Und, wie hat es dir gefallen?
Samira: Super. Ich möchte bald wieder hin, auch wenn der Tag sehr lang und stressig war. Aber man braucht mehr Zeit, nicht nur einen Tag.

Quellenverzeichnis

Bildquellen

S. 12 Shutterstock/Pawel Kazmierczak | S. 13 A: Shutterstock/Emi Cristea; B: Fotolia/Alexander Rochau; C: Shutterstock/TTstudio; D: Shutterstock/DNF Style; E: Fotolia/ivan kmit; F: Shutterstock/Jeannette Meier Kamer | S. 14 A: Shutterstock/oliveromg; B: picture alliance/augenklick/fi; C: Cornelsen Schulverlage/Hugo Herold; D: Shutterstock/spotmatik; E: Fotolia/auremar; F: Shutterstock/Glovatskiy; unten: Shutterstock/Pavel L Photo and Video; Hintergrund: Fotolia/Max Diesel | S. 15 oben: Shutterstock/Ollyy; unten: Cornelsen Schulverlage/Hugo Herold | S. 16 oben: Shutterstock/Ronald Wilfred Jansen; unten: Fotolia/mma23 | S. 17 Shutterstock/auremar | S. 18 Cornelsen Schulverlage/ Hugo Herold | S. 20 Shutterstock/Corepics VOF | S. 23 beide: Cornelsen Schulverlage/Hugo Herold | S. 24 oben: blista Marburg, Gymnasium für blinde und sehbehinderte Schülerinnen und Schüler, www.blista.de, Bruno Axhausen; Unten links: Shutterstock/hartphotography; unten Mitte: Shutterstock/Alliance; unten rechts: Shutterstock/Viorel Sima | S. 26 Mitte rechts: Fotolia/jolopes; oben rechts: Fotolia/Andrey Kiselev | S. 27 oben rechts: Shutterstock/Edyta Pawlowska; Mitte oben: Fotolia/vivienstock; Mitte rechts: Shutterstock/Rawpixel; Mitte unten: Shutterstock/Karkas | S. 28 Cornelsen Schulverlage/Hugo Herold | S. 30 Shutterstock/View Apart | S. 32 oben: Shutterstock/Pressmaster; unten links: Fotolia/blachowicz102; unten rechts: Shutterstock/Denis Kuvaev | S. 34 Shutterstock/nenetus | S. 35 A: Shutterstock/Kzenon; B: Shutterstock/Shaiith; C: Fotolia/Martina Berg; D: Shutterstock/joingate; E: Shutterstock/Jan Vlcek | S. 36 oben links: Fotolia/DoraZett; Mitte rechts: Fotolia/Sabphoto | S. 37 Shutterstock/Ilike | S. 38 Shutterstock/cosma | S. 40 links: Fotolia/philipus; Mitte: Fraus Verlag/Karel Brož; rechts: Christian Fessel | S. 41 picture alliance/dpa | S. 42 alle: akg-images/AP | S. 43 links: Mauritius/Juergen Schwarz; rechts: TOPICMedia Service | S. 44 oben: Shutterstock/kropic1; unten: Shutterstock/guentermanaus | S. 45 1. von links: Shutterstock/tab62; 2. von links: Fotolia/Aamon; 3. von links: Fotolia/Pictures4you; 4. von links: Fotolia/Bjoern Wylezich | S. 47 Deutsche Bahn AG/Hartmut Reiche | S. 48 oben: Shutterstock/wavebreakmedia; unten: Shutterstock/clearlens | S. 49 links: Shutterstock/Sean Pavone; rechts: Fotolia/Katja Xenikis | S. 50 Shutterstock/Andrija Kovac | S. 52 Shutterstock/Gelpi JM

Literaturverzeichnis

Bachman, L. F.; Palmer, A. S. (2010): Language assessment in practice: Developing language assessments and justifying their use in the real world. Oxford, New York: Oxford University Press. **Black, P.; Wiliam, D. (2009):** Developing the theory of formative assessment. Educational Assessment, Evaluation and Accountability 21 (1): 5–31. **Chappuis, J.; Stiggins, R. J.; Chappuis, S.; Arter, J. A. (2014):** Classroom assessment for student learning. Pearson custom library. Harlow, Essex: Pearson. **Davison, C.; Leung, C. (2009):** Current issues in English language teacher-based assessment. TESOL QUARTERLY 43 (3): 393–415. **Dlaska, A.; Krekeler, C. (2009):** Sprachtests. Leistungsbeurteilungen im Fremdsprachenunterricht evaluieren und verbessern. Baltmannsweiler: Schneider Verlag Hohengehren. **Europarat (2001):** Gemeinsamer europäischer Referenzrahmen für Sprachen: lernen, lehren, beurteilen. Berlin: Langenscheidt. **Tschirner, E. (2000):** Das ACTFL OPI als Forschungsinstrument. In: Aguado, K. (Hg.): Zur Methodologie in der empirischen Fremdsprachenforschung. Perspektiven Deutsch als Fremdsprache 13. Baltmannsweiler: Schneider Verlag Hohengehren, 105–118. **Tschirner, E. (2005):** Das ACTFL OPI und der Europäische Referenzrahmen. Babylonia (2): 50–55. **Tschirner, E.; Bärenfänger, O.; Chobotar, T. (2015):** Kompetenzorientiertes Assessment-Konzept für Lehrwerke für Deutch als Fremdsprache. Leipzig: Institut für Testforschung und Testentwicklung e. V.

Trackliste

Track	Titel	Seite
01	Nutzerhinweis	
02	Lernabschnittstest 2, Aufgabe 1	14
03	Lernfortschrittstest 1–3, Aufgabe 1	16
04	Lernfortschrittstest 4–5, Aufgabe 1	22
05	Lernabschnittstest 6, Aufgabe 1	26
06	Lernabschlusstest 1–7, Aufgabe 1	28
07	Lernabschlusstest 1–7, Aufgabe 2	28
08	Lernabschnittstest 8, Aufgabe 1	32
09	Lernfortschrittstest 8–10, Aufgabe 1	36
10	Lernabschnittstest 11, Aufgabe 1	40
11	Lernfortschrittstest 11–12, Aufgabe 1	42
12	Lernabschlusstest 8–14, Aufgabe 1	48
13	Modelltest Goethe-Zertifikat A2 Fit, Teil 1	59
14	Modelltest Goethe-Zertifikat A2 Fit, Teil 2	60
15	Modelltest Goethe-Zertifikat A2 Fit, Teil 3	61
16	Modelltest Goethe-Zertifikat A2 Fit, Teil 4	62

Gesamtlaufzeit: 34 Minuten